Victor Barchewitz

Das Königsgericht zur Zeit der Merowinger und Karolinger

Victor Barchewitz

Das Königsgericht zur Zeit der Merowinger und Karolinger

ISBN/EAN: 9783743399815

Hergestellt in Europa, USA, Kanada, Australien, Japan

Cover: Foto ©ninafisch / pixelio.de

Manufactured and distributed by brebook publishing software
(www.brebook.com)

Victor Barchewitz

Das Königsgericht zur Zeit der Merowinger und Karolinger

HISTORISCHE STUDIEN.

HERAUSGEGEBEN

VON

W. ARNDT, C. VON NOORDEN UND G. VOIGT IN LEIPZIG, B. ERDMANN
DÖRFFER UND E. WINKELMANN IN HEIDELBERG, W. MAURENBRECHER
UND M. RITTER IN BONN, R. PAULI IN GÖTTINGEN, C. VARRENTRAPP
IN MARBURG, J. WEIZSÄCKER IN BERLIN.

--- ———— ·

FÜNFTES HEFT.

DAS KÖNIGSGERICHT ZUR ZEIT DER MEROWINGER UND KAROLINGER

VON

VICTOR BARCHEWITZ.

LEIPZIG,

VERLAG VON VEIT & COMP.

1882.

DAS KÖNIGSGERICHT

ZUR ZEIT DER

MEROWINGER UND KAROLINGER.

VON

VICTOR BARCHEWITZ.

EINGELEITET VON W. ARNDT.

LEIPZIG,
VERLAG VON VEIT & COMP.
1882.

Vorwort.

Schon vor einigen Jahren hatte ich in den von mir geleiteten Übungen des hiesigen königl. historischen Seminars darauf aufmerksam gemacht, daß das Königsgericht der ältesten Zeiten eine eingehende Untersuchung verdiene, daß das zu Gebote stehende Material ein verhältnißmäßig reiches, und daß zudem in den Arbeiten früherer Forscher auf dem Gebiet der Verfassungsgeschichte nicht unbedeutende Hinweise zur Lösung dieser Aufgabe anzutreffen seien. Die einst meinerseits gegebene Anregung blieb zunächst ohne Erfolg, bis Herr Barchewitz, der während seiner Studienzeit mit Vorliebe juristische Forschung mit der historischen zu verbinden wußte, sich der gestellten Aufgabe unterzog. Ob und auf welche Weise es ihm gelungen des immerhin spröden, ja teilweise lückenhaften, Stoffes Herr zu werden, mag seine Arbeit selbst darthun. Nur eins sei hier von mir erwähnt. Der Prozeß des Herzogs Thassilo hat insofern neue Beleuchtung erhalten, als für den Bericht der sogenannten Reichsannalen eine Gerichtsurkunde als Quelle nachgewiesen worden ist. Damit ist zugleich ein Beitrag zur Entscheidung der in jüngster Zeit vielfach behandelten Frage nach der Entstehung und dem Verfasser der genannten Annalen gegeben. Hat doch gerade Sybel — dessen Ansicht über den nichtoffiziellen Ursprung der gedachten Annalen ich mich voll und ganz anschließe — den Bericht über die Entsetzung des Bayernherzogs zum Beweis dafür, daß der Annalist im Kloster Lorsch zu suchen sei, herangezogen.

Leipzig im März 1882.

Wilhelm Arndt.

Dem fränkischen Königsgericht hat man schon längere Zeit Aufmerksamkeit gewidmet. Unter den früheren Arbeiten sind die Werke von Pausey und Brewer[1] zu nennen, welche in geistreicher Weise viele noch jetzt wertvolle Gesichtspunkte aufstellen. Sie fassen jedoch das Königsgericht des fränkischen Reiches als Ganzes auf, und haben am wenigsten verstanden, die bezüglichen Quellen zeitlich auseinanderzuhalten und zu verwerten. Loebell[2] richtet seine Forschungen speziell auf die Zeit der Merowinger, und der Abschnitt seines Werkes über „Das Königstum" bildet den Ausgangspunkt für die Betrachtung des Königsgerichtes unter den Merowingern. Die deutsche Rechtsgeschichte von Walter[3] bespricht das fränkische Reich im Zusammenhange und obgleich bei der Behandlung des Königsgerichtes die merowingischen und karolingischen Könige geschieden werden, so erhalten wir doch nur dürftige Nachrichten über dieselben. Dönniges[4] legt Hincmar De ordine palatii zu Grunde, selbst Zöpfl[5] behandelt noch das Königsgericht der Merowinger und Karolinger zusammenhängend. Dagegen hat das Königsgericht der Merowinger und Karolinger in der deutschen Verfassungsgeschichte von Waitz[6] eine eingehendere Erörterung gefunden, wobei die Zeit der Merowinger und Karolinger in besonderen Abschnitten behandelt worden ist. Waitz trat hiermit bahnbrechend auf für die weitere Behandlung des Königsgerichtes, stellt aber nur die Quellen zusammen,

---

[1] Pansey, De l'autorité judiciaire en France, Paris 1818. — Brewer, Geschichte der französischen Gerichtsverfassung vom Ursprung der fränkischen Monarchie bis zu unsern Zeiten. Düsseldorf 1835.

[2] Loebell, Gregor von Tours und seine Zeit. Leipzig 1839; 2. Aufl. mit Zusätzen von Bernhardt. Leipzig 1869.

[3] Walter, Deutsche Rechtsgeschichte. 2. Aufl. Bonn 1857.

[4] Dönniges, Das deutsche Staatsrecht und die deutsche Reichsverfassung, 1842, Bd. I, 22 fg.

[5] Zöpfl, Deutsche Rechtsgeschichte, 1872, Bd. II, S. 190 fg., § 35.

[6] Waitz, Deutsche Verfassungsgeschichte, Bd. II, 2. Aufl. Kiel 1870, S. 501—512 und Bd. IV, Kiel 1861, S. 400 fg.

welche uns Nachrichten über diese Verhältnisse geben, sodaß wir noch nichts über Entstehung und Entwickelung des Königsgerichtes erfahren. Die Forschungen von Franklin, Siegel, Dove, Tardif, Sickel, Bethmann-Hollweg, Sohm, Brunner, Behrend und Loening[1] haben aber über Waitz hinaus so viele neue Gesichtspunkte erschlossen, daß es möglich sein wird, jetzt auch auf eine historische Entwickelung des Königsgerichtes einzugehen. Eine erneute Durchforschung und Sichtung des reichen Quellenmaterials ist aber trotz der vorgenannten Werke nicht unnötig; denn man findet in ihnen nur einzelne Fragen, die das Königsgericht betreffen, angeregt oder gelöst, und einzelne besondere Abschnitte, welche der Besprechung dieses Institutes von Franklin, Tardif, Sickel, Bethmann-Hollweg und Brunner gewidmet werden, sind unter ganz bestimmten Gesichtspunkten geschrieben, ohne doch das ganze Gebiet zu umfassen. Alle diese Werke halten auch im allgemeinen an der Zweiteilung des Stoffes fest, wie sie von Waitz für das Königsgericht in seiner Verfassungsgeschichte durchgeführt worden ist, ohne den Versuch einer weiteren historischen Verwertung des gegebenen Materials zu machen.

---

[1] Franklin, De Justitiariis curiae imperialis. Dissertatio. Vratislaviae 1860. — Siegel, Geschichte des deutschen Gerichtsverfahrens, Giessen 1857, und, Die Gefahr vor Gericht und im Rechtsgang, Berichte der kaiserlichen Akademie der Wissenschaften, Philos. hist. Klasse, Bd. 51, S. 120, Wien 1865. — Dove, Die fränkischen Sendgerichte, 1. Artikel: Zeitschrift für Kirchenrecht von Dove und Friedberg, Jahrgang IV, Tübingen 1864, S. 1—45; 2. Artikel Jahrgang V, 1865, S. 1—42. — Tardif, Monuments historiques, Cartons des Rois, Paris 1866. — Sickel, Lehre von den Urkunden der ersten Karolinger (751—840). Wien 1867. — Bethmann-Hollweg, Der germanisch-romanische Civilprozeß im Mittelalter. Bonn 1868. — Sohm, Über die Entstehung der Lex Ribuaria, Zeitschrift für Rechtsgeschichte, Bd. V. Weimar 1866, S. 380 fg.; Der Prozeß der Lex Salica, Weimar 1867; Die geistliche Gerichtsbarkeit im fränkischen Reich, Zeitschrift für Kirchenrecht, Bd. IX, Tübingen 1870, S. 193—271; Die fränkische Reichs- und Gerichtsverfassung, Weimar 1871. — Brunner, Zeugen und Inquisitionsbeweis im deutschen Gerichtsverfahren karolingischer Zeit. Berichte der Kaiserl. Akademie der Wissenschaften, Philos. hist. Klasse, Bd. 51. Wien 1865. Die Entstehung der Schwurgerichte, Berlin 1872; Das Gerichtszeugnis und die fränkische Königsurkunde, Festgaben für Heffter zum 3. Aug. 1873. — Behrend, Zum Prozeß der Lex Salica, Festgaben für Heffter 1873; Lex Salica, nebst den Kapitularien zur Lex Salica von Alfred Boretius, Berlin 1874. — Loening, Geschichte des deutschen Kirchenrechts, Bd. 1, das Kirchenrecht in Gallien von Konstantin bis Chlodovech. Bd. 2, das Kirchenrecht im Reiche der Merowinger, Straßburg 1878.

Erster Teil.

Das Königsgericht bis zur Mitte des siebenten Jahrhunderts.

Erstes Kapitel.

Die Zeit der Germania und der Lex Salica.

Die Germania des Tacitus ergiebt für das Königsgericht nur ein negatives Resultat. Organisiert war damals nur die Gerichtsbarkeit der Hundertschaft.[1] Die Völkerschaftsversammlung, das Concilium, übt die Gerichtshoheit aus durch Ernennung des Hundertschaftsbeamten, des princeps, welcher in der Taciteischen Zeit der einzigen Gerichtsversammlung an echter Dingstätte, der Hundertschaftsversammlung vorsitzt. Jedoch wurden Klagen und Prozesse auf Leben und Tod auch vor dem Concilium anhängig gemacht; Feigheit, Landesverrat, also besonders politische Vergehen, gehörten vor die Völkerschaftsversammlung, als ein Ausfluß ihrer unbeschränkten Gerichtshoheit. Die Strafen zeigen eine bestimmte Abstufung nach den Vergehen als ein Zeichen eines schon ausgebildeten Strafrechtes, wobei in Stammesverbänden, an deren Spitze Könige waren, ein Teil der Buße dem König, ein Teil dem zufällt, zu dessen Gunsten das Gericht einschreitet. Feindschaft, besonders Blutrache, welche zu Klagen vor Gericht Veranlassung gab, ging vom Vater auf den Sohn und die ganze Familie über.[2] Indes konnte die Sühnung nach gegenseitigem Übereinkommen gegen eine bestimmte Entschädigung erfolgen, es blieb also ein weiter Spielraum außerhalb der richterlichen Thätigkeit der Gerichtsgemeinde und des Conciliums. Somit erhalten wir kein bestimmtes Bild von der Kompetenz des Gerichtes und des Gerichts-

---

[1] Tacitus, Germania c. 12. Vgl. Sohm, Reichs- und Gerichtsverfassung S. 6.
[2] Germania c. 21.

1*

vorsitzers, und können auch auf einem soviel bestrittenen Gebiet bei dem Mangel ausreichender Quellen zu keinem bestimmten Resultat gelangen. Dagegen beweist der Anteil an der Buße, daß der König schon in der Zeit der Germania in bestimmter Beziehung zum Gericht stand.

In dem ältesten Teil der Lex Salica[1], welcher nach Alter und Inhalt zwischen die Zeit des Tacitus und die Reichsgründung auf römischem Boden, um das Jahr 470 fällt, tritt zuerst in dem Deliktsprozeß mit Kontumazialverfahren[2] der König handelnd auf.

Ist in einem Deliktsprozeß der Angeklagte rechtmäßig vor das Volksgericht geladen[3], in dem ersten Termine aber nicht erschienen, sondern in contumaciam von den Rachineburgen, einem aus der Gerichtsgemeinde gewählten Ausschuß, der Urteilsvorschlag auf Zahlung der Komposition oder Reinigung von der Anklage ergangen, dem die Gerichtsgemeinde ihre Zustimmung, die Vollbort, erteilt hatte, und erscheint der Angeklagte in dem zweiten Termine auch nicht, welcher zur Erbringung des Reinigungsbeweises für den Angeklagten bestimmt ist, so geht der Kläger mit drei Zeugen vor das Haus des Angeklagten und ladet ihn nach 14 Nächten vor das Königsgericht.[4] Nach diesen 14 Nächten erscheint der Kläger mit zwölf Zeugen vor dem König[5] und wartet bis zum Sonnenuntergang, ob der Angeklagte zur Erfüllung seiner Pflicht oder Erhebung eines Widerspruches erscheint. Von den zwölf Zeugen bekunden drei Zeugen, dass der Kläger im Königsgericht bis Sonnenuntergang auf den Angeklagten gewartet hat, drei Zeugen bekunden das Abwarten des Sonnenunterganges auf dem ersten Termin des Volksgerichtes, drei Zeugen bekunden das Abwarten des zweiten Termins, drei Zeugen die Ladung vor das Königsgericht. Nachdem so nachgewiesen ist, daß das gerichtliche Verfahren, wie es nach fränkischem Gewohnheitsrecht, eben nach der Lex Salica, vorgeschrieben ist, eingehalten worden, spricht der König über den ausgebliebenen Angeklagten, der sich ungehorsam gegen das Gesetz gezeigt hat, die Ächtung aus. Die Wirkung der Ächtung ist Friedlosigkeit; der Geächtete verliert den Rechtsschutz für seine Person und sein Vermögen, welches für den Staatsschatz eingezogen wird, und dieser Zustand dauert so lange fort, bis der Ungehorsame durch Zahlung von Komposition seine Schuld getilgt hat. Die Komposition zerfällt in fredum und faidus; fredum, das Friedensgeld, fällt dem König zu, faidus,

---

[1] Lex Salica hrgb. J. Behrend. Berlin 1874.
[2] G. Waitz, Das alte Recht. Sohm, Prozeß der Lex Salica. Wir geben den Verlauf des Prozesses der Lex Salica, soweit er für das Königsgericht von Wichtigkeit ist, da es auch nach dem Werk von Sohm schwierig sein würde, ohne genaueres Studium sich darüber zu orientieren.
[3] Lex Salica 1, 3.   [4] L. Sal. 1, 3. 49. 56, 2.   [5] L. Sal. 56.

das Feindschaftsgeld, der verletzten Partei. Von der Buße für die versäumte Ladung vor den König, die 15 Solidi[1] beträgt, erhält der Kläger ²/₃, und ¹/₃ der König[2], während bei einem Morde die Komposition bei freiwilliger Sühne der Partei allein zufällt.[3] Wer aber einen Menschen unrechtmäßig vor dem König verklagt[4], verfällt in eine Strafe von 63 Solidi bei kleineren Vergehen, und ein Zusatz erhöht bei Kapitalsachen die Strafe der falschen Anklage vor dem König auf 200 Solidi, das Wergeld eines freien Franken.

Das Urteil steht in dem Prozeß der Lex Salica also allein dem Hundertschaftsgericht unter Vorsitz des Thunginus zu. Hätte der Angeklagte in dem ersten Termine vor dem Volksgericht sich gestellt und das formelle Versprechen gegeben, dem Urteil des Volksgerichtes nachzukommen, so würde die Autorität des Grafen ausgereicht haben, dem Urteil Folge zu geben und den Kläger zu befriedigen.[5] Nach 40 Nächten, im nächsten echten Ding mußte dann das Versprechen gelöst werden, oder der Graf schritt zur Exekution, von der Partei förmlich dazu aufgefordert. Erst wenn der Angeklagte sich als ungehorsam gegen das salische Gesetz erwiesen, trat die Autorität des Königs ein, um dem Angeklagten den Schutz des Gesetzes zu entziehen. Der König selbst nimmt keine richterliche Befugnis in Anspruch, ebensowenig wie sein Beamter, der Graf; es wird nur in Gegenwart des Königs durch Zeugen festgestellt, daß der Prozeß vor dem Volksgericht den Gesetzen gemäß verlaufen sei. Der König bestätigt nicht das Urteil des Volksgerichtes, er fällt auch kein neues Urteil; als höchster Schirmer des Rechtes und der Ordnung hat er nur die Pflicht, das rechtlich gültige Urteil des Volksgerichtes perfekt zu machen.

Noch ist der Vorsitzende des Volksgerichtes, der Thunginus, vom Volke selbst in der Stammesversammlung gewählt,[6] wie zur Zeit des Tacitus, wenn auch jetzt regelmäßig unter Vorsitz des Königs, da das Königtum bereits feste Wurzeln gefaßt hat. Der König ernennt nur seine Beamten, welche deshalb mit dreifachem Wergeld ausgestattet sind; den Grafen, welcher den König in dem königlichen Regierungsbezirk, dem Gau, vertritt und dort die Exekutive ausübt, und den Sacebaro, der in jeder Hundertschaft die Zahlungen an den Fiskus entgegenzunehmen hat. Die obrigkeitliche Exekutivgewalt ist also dem Volksgericht entzogen und auf einen königlichen Beamten, den Grafen, übertragen, mit dessen Unterbeamten, dem Sacebaro, während der König selbst sich die Kontumazialstrafe vorbehalten hat. Dies wird bestätigt bei Akten der

---

[1] L. Sal. 1, 1.   [2] L. Sal. 50, 4.   [3] L. Sal. 62.   [4] L. Sal. 18.
[5] L. Sal. 50, 3.   [6] Sohm: R. u. GV. S. 72 fg.

freiwilligen Gerichtsbarkeit, die durch die Gegenwart des Königs eine höhere Geltung erhalten, wobei der König aber auch nicht selbsthandelnd auftritt, wie bei Übertragung von Eigentum, bei Freilassung.[1] Dem entsprechend sehen wir auch die Person des Königs mit einem höheren Schutz umgeben; wer gegen einen schriftlichen Befehl des Königs auftritt[2], wer sich gegen eine Person vergeht, welche im Schutze des Königs sich befindet[3], wird mit höheren Strafen belegt; Königsdienst schützt vor einer Ladung vor Gericht.[4] Über eine Rechtsprechung des Königs in der Stammes- oder Heeresversammlung erfahren wir noch nichts, doch läßt die historische Entwickelung darauf schließen, daß sich hieran wesentliche Veränderungen nicht geknüpft haben. Der Völkerschaftsverband, die civitas des Tacitus, ist bei den Franken zum Gau, dem königlichen Regierungsbezirk, geworden; die Völkerschaften haben sich zu einem fränkischen Stammesreich an der Schelde zusammengeschlossen, und aus dem Heerkönigtum ist ein erbliches Königtum hervorgegangen. Die Heeresversammlung ist Stammesversammlung, in welcher wir jetzt den Vorsitz des Königs annehmen müssen, wie dies in der Zeit der Germania nur vermutet werden konnte; für die Hundertschaft wird demnach der Thunginus unter Vorsitz des Königs in der Stammesversammlung gewählt, ist aber nach seinem Wergeld kein Beamter des Königs. Die Gerichtshoheit ist noch bei der Stammesversammlung und nicht beim König, und wenn unzweifelhaft, wie zur Zeit des Tacitus, Klagen auch vor die Stammesversammlung gebracht werden konnten und besonders politische Vergehen vor ihr Forum gehörten, so sind sie auch von ihr unter Vorsitz und Leitung des Königs entschieden worden.

Zweites Kapitel.

Die Zeit der Reichsgründung.

Der Prozeß der Lex Salica steht nicht im Beginn einer neuen, sondern am Ende der voraufgehenden Entwickelung als der letzte Ausläufer der Vorzeit. Die Reichsgründung auf römisch-germanischen Boden wirkt umgestaltend ein sowohl auf den Prozeß der Lex Salica, wie auf die ganze Stellung des Königs zum Volk. In dieser Periode, welche mit Chlodovech beginnt, können wir uns der Führung Gregors von Tours

---

[1] L. Sal. 26.   [2] L. S. 14, 4.   [3] L. S. 13.   [4] L. S. 1, 4.

anvertrauen, der die Regierung des Gründers der fränkischen Monarchie, seiner Söhne und der Söhne Chlothars I. von 481—593 verfolgt.

Zunächst tritt hervor, daß die Feldherrngewalt unbeschränkt in der Hand des Königs liegt, der wiederholt eingreift, um mit eiserner Hand die Disziplin im Heer aufrecht zu erhalten, während bei Tacitus die Strafgewalt noch in den Händen der Priester sich befand. Die Nachrichten, die Gregor uns überliefert[1], verteilen sich auf den Anfang und das Ende unserer Periode, so daß sie einen Schluß auf die Auffassung in diesem ganzen Zeitraume gestatten. Daß König Childebert den Bischof Egidius von Reims vor der Wut seines Heeres nicht zu schützen vermochte[2], dürfen wir als eine Ausnahme ansehen; Childebert war 13 Jahre alt, und die Erbitterung des Volkes richtete sich gegen die Ratgeber, in deren Händen der junge König war. Zwei Fälle[3] berichtet uns auch Gregor von Tours genauer, in denen 'die Könige das Kriegsrecht unbeschränkt übten im Gegensatz zur Zeit des Tacitus: Chlodovech gegen König Ragnachar von Cambrai und dessen Bruder, und König Gunthram gegen den Kronprätendenten Gundoald. Auf Grund dieser ausführlichen Berichte können wir dann bei kürzeren Andeutungen auf ähnliche Verhältnisse schließen.

Es erzählt uns Gregor diese Beispiele ganz schmucklos, ohne eine tadelnde Bemerkung, so daß wir eher daraus entnehmen können, die Fälle sind angeführt, um zu zeigen, in wie wirksamer Weise die Könige ihr Recht zu handhaben wußten. Auch ist dies in einer Zeit, welche so mit Krieg erfüllt war, gar nicht anders zu erwarten; fallen doch auf 112 Jahre nicht weniger als 50 Kriegsjahre. Chlodovech regiert 30 Jahre und führt acht große Kriege in ziemlich gleichen Zwischenräumen von durchschnittlich fünf Jahren. Die Söhne Chlothars I. führen in 32 Jahren 25 Jahre Krieg. Die längste Friedenszeit überhaupt beträgt elf Jahre in diesem ganzen Zeitraume, und fällt etwa in die Mitte desselben, unter die Regierung der Söhne Chlodovechs. Es steigert sich also die Häufigkeit der Kriege.

In den zahlreichen Fällen, wo das Leben der Könige bedroht wurde, sehen wir sie ebenfalls aus eigener Machtvollkommenheit handeln und gegen Meuchelmörder mit den härtesten Strafen vorgehen. Die Könige verschonten auch die höchsten Würdenträger nicht, ohne daß wir sie dabei der geringsten Beschränkung in ihrem Handeln unterworfen sehen.[4] Nur ein Beweggrund tritt uns in den Berichten Gregors entgegen, welcher

[1] Greg. Tur. Hist. Franc. II, 27 u. 37; IV, 50; VI, 31; VII, 30.
[2] Greg. Tur. VI, 31.
[3] Greg. Tur. II, 42; VII, 39.
[4] Gregor Tur. VI, 35; VII, 21 u. 29; VIII, 36; VIII, 44 u. IX, 13; IX, 3, 9; X, 18.

der Willkür der Merowingischen Könige Zügel anzulegen vermochte,
das ist die Achtung vor der Kirche. Der Oberkämmerer Eberulf[1] konnte
erst getötet werden, nachdem er mit List aus der Kirche entfernt worden war. In anderen Fällen entgingen die gedungenen Mörder dem
sicheren Tode, weil sie in der Kirche ergriffen und gewaltsam aus derselben entfernt worden waren.

Wir wollen deshalb den Prozeß gegen den Bischof Egidius[2] genauer
verfolgen, da sich in demselben alle Verhältnisse wiederspiegeln, welche
im Königsgericht in seiner damaligen Gestalt maßgebend waren. Der
Prozeß selbst hat eine Vorgeschichte.[3] Im Jahre 589 beschuldigte
Faileuba, die Gemahlin König Childeberts die Erzieherin ihrer Kinder
Septimania, den Erzieher Droctulf, den Marschall Sunnegisil und den
Kanzler Gallomagnus feindseliger Pläne gegen sie selbst und die Königin
Brunichilde, oder, falls dies nicht gelingen sollte, gegen das Leben
des Königs Childebert. Septimania und Droctulf wurden auf die Folter
gespannt, gegeißelt, gemartert und zu Frondiensten verurteilt. Sunnegisil und Gallomagnus suchten Schutz in der Kirche, und verdankten
diesem Umstand eine mildere Behandlung. Der König begab sich in
eigener Person in die Kirche und versprach Sunnegisil und Gallomagnus
das Leben, selbst wenn sie schuldig befunden werden sollten, weil es ein
Frevel sei, Verbrecher, wenn sie in der Kirche ergriffen werden, am
Leben zu strafen. Dieselben erschienen nach diesen Versprechungen
vor dem König und verteidigten sich. Der König wies jedoch ihre Ausführungen zurück. Nachdem sie in die Kirche zurückgekehrt, wurden
sie der Güter, die sie vom Staat erhalten hatten, für verlustig erklärt
und in die Verbannung geschickt, erst später auf die Fürbitte König
Gunthrams zurückgerufen. Hier könnte es scheinen, als wenn von einem
förmlichen Königsgericht mit Beisitzern die Rede wäre, denn Gregor
spricht von Gericht und Untersuchung, doch tritt die Persönlichkeit des
Königs und seiner Familie in der ganzen Erzählung so in den Vordergrund, daß wir daraus nur entnehmen können, die Parteien sind vor
den König in den Königshof geführt worden, um dort verhört zu werden, daß somit solche gerichtliche Handlungen nicht gleich bei der
Kirche, wohin Sunnegisil und Gallomagnus geflüchtet waren, vorgenommen wurden.

Im Jahre 590 wurde der Marschall Sunnegisil noch einmal auf die
Folter gebracht und gemartert. Dabei gestand er selbst den Mord-
anschlag gegen König Childebert sowie, daß der Bischof Egidius von
Reims an der Verschwörung des Herzogs Rauching teilgehabt hätte.

---

[1] Gregor Tur. VII, 21, 29.   [2] Gregor Tur. X, 19.   [3] Gregor Tur. IX, 38.

Dem Umstand, daß Sunnegisil und Gallomagnus dem Schutz der Kirche
ihr Leben verdankten, dürfen wir es auch wohl zuschreiben, daß uns
längere gerichtliche Verhandlungen entgegentreten. Jetzt aber handelt
es sich um einen Bischof, und sofort sehen wir uns bestimmten gerichtlichen Formen gegenüber. Auf das Geständnis des Sunnegisil hin wird
der Bischof Egidius ergriffen, nach Metz gebracht und in Haft gehalten;
der König aber befahl, daß die Bischöfe nach Metz berufen würden, um
über ihn ein geistliches Gericht abzuhalten. Doch darin war der König
zu weit gegangen. Auf den Vorwurf einiger Bischöfe, er habe den
Egidius aus seiner Stadt fortführen und in das Gefängnis werfen lassen,
erlaubte er ihm bis zur Versammlung der Bischöfe wieder nach Reims
zurückzukehren, weil es allgemeines Reichsrecht war, bei Ladungen
vor den König[1] durch Stellung von Bürgen sein Erscheinen zuzusichern.
Vor dieser Versammlung der Bischöfe erhob sich sodann König Childebert, nannte den Egidius seinen Feind und einen Landesverräter und
übertrug die fernere Verfolgung der Sache dem Ennodius, einem seiner
Großen. Ennodius begründet die Anklage weiter, indem er den Bischof
der geheimen Verbindung mit König Chilperich, von dem er Staatsgut
empfangen hätte, anklagte. Der Bischof Egidius verteidigte sich dagegen
und wies durch Schenkungsbriefe nach, daß er das Staatsgut von König
Childebert empfangen hatte. Diese Schenkung aber stellte der König
in Abrede, und sein Kanzler Otto erklärte die Unterschrift der als Beweismittel vorgebrachten Urkunde für gefälscht. Darauf wurde ein Briefwechsel zwischen König Chilperich und Egidius vorgelegt, und als der
Bischof die Schriftstücke ableugnete, trat einer seiner vertrauten Diener
als Zeuge für die Richtigkeit derselben ein, sodaß sich die Richter über-
zeugten, die Briefe seien wirklich von ihm abgesandt. Einen Vertrag zwischen König Childebert und Chilperich gegen König Gunthram
wies Childebert selbst zurück und betonte nochmals den Briefwechsel
zwischen König Chilperich und Egidius, den Egidius nicht leugnen
konnte, da die Schriften im Schatz des Königs Chilperich gefunden worden waren. Darauf traten noch Epiphanius, Abt der Kirche des heiligen
Remigius, und Gesandte, welche den Bischof zu König Chilperich begleitet hatten, auf, und überführten ihn seines Verhältnisses zu König
Chilperich und seiner Pläne gegen König Gunthram, so daß Egidius
dies nachher auch zugestand. Die Bischöfe, welche zum Gericht berufen
waren, erbaten sich nun einen Aufschub von drei Tagen, um Egidius
Zeit zur Verteidigung zu lassen. Als er dann ein offenes Bekenntnis
seiner Schuld ablegte und bekannte, daß er als Majestätsverbrecher den

---

[1] Gregor Tur. IX, 8.

Tod verdient hätte, erwirkten sie ihm zuvor das Leben, stießen ihn aber, nachdem die Kirchengesetze verlesen waren, aus dem Priesterstande aus, worauf er vom König nach Straßburg verwiesen wurde.

Auf Bitten einiger Bischöfe wurde Egidius aus der Haft entlassen. Nur von dem König konnten die Bischöfe einen Aufschub für ihre Entscheidung erbitten, nur von dem König das Leben für Egidius erwirken. Diese lange und förmliche Verhandlung des geistlichen Gerichts erscheint somit nur als eine Konzession, die König Childebert der Kirche machte. Es hing allein von ihm ab, wie weit er dem geistlichen Gerichtdie Entscheidung überlassen wollte, oder vielmehr von dem Grade, in dem er des Wohlwollens der Kirche zur Befestigung seiner Herrschaft bedurfte.

An die Seite zu setzen ist diesem Prozeß die Verhandlung der Bischöfe über den Bischof Berthram von Bordeaux, die in dem Königshofe Braine bei Soissons, wegen Verleumdung der Königin Fredegunde im Jahre 580 geführt wurde.[1] Der König Chilperich nahm unter den Bischöfen Platz; die Bischöfe Berthram und Gregor treten sich gegenüber, das Volk außerhalb des Hauses nahm Partei für Bischof Gregor, und der König erklärte trotz des Schimpfes, der ihm durch die seiner Gemahlin zugefügte Beschuldigung angethan sei, sich bei dem beruhigen zu wollen, was die Bischöfe beschließen würden. Da alle sich über des Königs Klugheit und Selbstbeherrschung wunderten, so hat es entschieden nur in seiner Macht gelegen, in wieweit er die Entscheidung dem geistlichen Gerichte überlassen wollte. —

Doch nicht immer beobachteten die Könige solche Rücksichten gegen die Kirche. Gregor berichtet uns von sechs Fällen[2], in denen ohne weiteres Bischöfe zur Untersuchung und Bestrafung vor den König gefordert wurden. Auch die Beamten des Königs gehen durchaus nicht rücksichtsvoll mit den Bischöfen um, wie wir dies an zwei Beispielen ersehen können.[3]

Unbeschränkt strafen die Könige Vergehen ihrer Beamten[4]: Herzöge werden ihres Amtes entsetzt und mit dem Tode bestraft, dem sie zuweilen durch die Fürsprache der Bischöfe entgehen. Ebenso berichtet uns Gregor von Appellationen an den König gegen die Entscheidungen der Königlichen Beamten.[5] Davon führen wir einen Fall an, welcher zeigt, daß am Königshof eine geordnete Rechtspflege geübt wurde, wenn sie auch vom König allein ausging; wir werden dann in der Gesetz-

---

[1] Gregor Tur. V, 50.
[2] Gregor Tur. V, 19, 21, 50; VI, 11 und 24; VI, 22; VII, 27; VIII, 12.
[3] Greg. Tur. IV, 43; VIII, 43.
[4] Greg. Tur. V, 14; VIII, 26; IX, 8, 10; X, 22.
[5] Greg. Tur. IV, 43; VII, 23; X, 21.

gebung eine Bestätigung hierfür finden. Im Jahre 584[1] kam ein Jude Armentarius mit Begleitung nach Tours, um Schuldverschreibungen geltend zu machen, welche der frühere Graf Eunomius und sein Unterbeamter Injuriosus über die öffentlichen Abgaben ausgestellt hatten. Der Jude hatte die Gelder also im Vertrauen auf die frühere Stellung der Beamten vorgeschossen. Injuriosus lud den Juden in sein Haus um die Schuld zu tilgen, und später fand man den Armentarius mit seiner Begleitung tot in einem Brunnen. Der Verdacht lenkte sich auf Injuriosus, und die Verwandten des Getöteten beriefen sich, nachdem in gewöhnlichem Rechtsgang eine Entscheidung nicht herbeigeführt wurde, zuletzt auf das Urteil des Königs Childebert. Injuriosus stellte sich vor dem König zum Gericht und wartete die gesetzliche Frist von drei Tagen bis zum Sonnenuntergang. Da aber die Kläger nicht erschienen, auch von keinem andern eine Klage erhoben wurde, kehrte er unangefochten nach Hause zurück. Injuriosus hatte also das Recht der Appellation anerkannt, wenn er auch wahrscheinlich zu hintertreiben wußte, daß die Kläger vor dem König erschienen.

Wir sehen die Könige auch schwere Kriminalfälle vor ihr Gericht ziehen.[2] Von ihnen mögen uns zwei Beispiele das persönliche Verhalten der Könige deutlich machen.

Im Jahre 585[3] war in Tours ein Bürgerkrieg ausgebrochen, in welchem Sichar die Verwandten des Chramnesind getötet hatte. Der Krieg wurde durch das Eingreifen des Bischofs Gregor geschlichtet, begann aber im Jahre 588 von neuem, weil Chramnesind den Sichar aus Blutrache tötete. Er hatte sich nach dieser Übelthat zum König Childebert begeben, warf sich ihm zu Füßen, mußte aber dem Unwillen der Königin Brunichilde weichen, unter deren Schutz Sichar gestanden hatte. Ein zweites Mal aber fiel das Urteil des Königs dahin aus, daß er beweisen sollte, er habe Sichar aus Blutrache erschlagen. Dies geschah. Trotzdem ließ Königin Brunichilde das Vermögen des Chramnesind einziehen, und erst später wurde es ihm wieder zurückerstattet. Hier läßt das verschiedene Verhalten des Königs und der Königin schon schließen, daß ein Urteil eines förmlichen Gerichts mit den Großen des Reiches als Beisitzern nicht vorlag.

Zwischen fränkischen Familien in Tournay hatte sich eine Fehde erhoben[4], bei der viele Menschen ums Leben kamen. Die Königin Fredegunde ermahnte oftmals zum Frieden; als dies aber nichts fruchtete, ließ sie bei einem Gastmahl drei Männer niederhauen. Die Königin

---

[1] Greg. Tur. VII, 23.   [2] Greg. Tur. VII, 47; VIII, 21, 32. 43; IX, 19; X, 27.
[3] Gregor Tur. VII, 47.   [4] Greg. Tur. X, 27.

mußte infolgedessen fliehen, ein Zeichen, daß sie eigenmächtig und ohne förmliches Urteil die Tötung befohlen hatte.

Auch Civilgerichtsbarkeit finden wir am Hofe des Königs, wir erwähnen die beiden einzigen Fälle, die Gregor uns überliefert hat.

Im Jahre 574[1] erhielt Andarchius, ein königlicher Beamter, auf betrügerische Weise das Versprechen der Frau des Ursus, ihm ihre Tochter zu verloben. Darauf begab er sich zum König Sigibert und überbrachte dem Grafen des Ortes einen königlichen Befehl, ihm das Mädchen zur Ehe zu überantworten. Er geriet aber in Streit mit Ursus und kam mit demselben nochmals an den Königshof, wo er wieder auf betrügerische Weise einen Befehl des Königs zu seinen Gunsten erwirkte. Im Jahre 585[2] erschien Eulalius, Graf von Arvern, vor König Gunthram, um seine Frau, die ihn verlassen hatte und zu Herzog Desiderius gegangen war, zu verklagen. Er wurde aber verlacht und abgewiesen.

Man könnte glauben, daß Gregor für die Formen des Gerichts kein Interesse hatte und uns nur die Resultate überlieferte. Er berichtet uns aber über das geistliche Gericht, wie wir aus dem Prozeß des Bischof Egidius von Reims gesehen haben, mit allen Einzelheiten, so daß wir uns ein vollständiges Bild von dem Gange der Verhandlungen machen können. Ein wie großes Interesse Gregor an gerichtlichen Verhandlungen nahm, können wir noch besonders aus einem Bericht über ein geistliches Gericht in dem Prozeß gegen Chrodielde[3], die Tochter König Chariberts, und Basina, die Tochter König Chilperichs entnehmen, welche sich als Nonnen gegen ihre Äbtissin Leubovera im Kloster der heiligen Radegunde von Poitiers empört hatten. König Childebert und Gunthram beriefen die Bischöfe zu einem geistlichen Gericht nach Poitiers, um nach den Kirchengesetzen den Fall zu entscheiden, nachdem vorher der Graf Macco von Poitiers mit Gewalt Ruhe geschafft hatte. Die Bischöfe, unter ihnen Gregor selbst, saßen in dem Altarchor der Hauptkirche zu Gericht. Die Parteien waren vorgeladen worden. Die Bischöfe befragten Chrodielde, Basina und die Äbtissin, worauf sie die Sache der Partei der Chrodielde untersuchten, welche sich schwere Vergehen hatte zu Schulden kommen lassen. Alsdann schlugen sie die Kirchengesetze nach und entschieden, Chrodielde und Basina seien von der Kirchengemeinschaft auszuschließen, da dieselben sich geweigert hatten, die Äbtissin wegen ihrer Schuld um Verzeihung zu bitten und das Unrecht wieder gut zu machen. Das gefällte Urteil wurde von den versammelten Bischöfen den Königen Childebert und Gunthram zur Bestätigung und Vollstreckung zugeschickt. Die Verhandlungen im geist-

---

[1] Greg. Tur. IV, 46.   [2] Greg. Tur. VIII, 27.   [3] Gregor Tur. IX, 39; X, 16.

lichen Gericht bewegen sich nach den Berichten Gregors in freieren Formen, wie wir dies ja schon in dem Prozeß gegen Egidius gesehen haben. Lediglich zur Erforschung der Wahrheit richten die Bischöfe Fragen an die Parteien, an denen der Prozeß sich entwickelt, ganz im Gegensatz zu dem Volksgericht, dessen strenge Formen die Parteien selbstthätig auftreten lassen, und in dem das doppelzüngige Urteil den Parteien die Beweisrolle mit förmlichem Zeugenbeweis zuspricht, wie dies Gregor in dem vorigen Beispiel ausgeführt hatte.

Auch des Grafengerichts gedenkt Gregor, so daß wir daraus entnehmen können, daß das Volksgericht noch bestand, wenn auch an Stelle des Thunginus ein königlicher Beamter, der Graf, getreten war. Des Gegensatzes wegen gehen wir hierauf näher ein. In dem Streite zwischen Sichar und Austregisil in Tours[1] erschienen beide im Volksgericht. Es wurde von den Bürgern von Tours entschieden, daß Austregisil wegen Totschlags und weil, nachdem er die Knechte getötet, er die Sachen ohne Urteil und Recht an sich gebracht habe, zu der gesetzlichen Buße zu verurteilen sei. Sichar überfällt hierauf den Vater des Austregisil, Anno, und tötet diesen, sowie den Sohn und Bruder des Austregisil. Die Partei des Chramnesind, eines zweiten Sohnes des Anno aber, welche den Tod des Vaters, Bruders und Oheims rächen wollte, weigerte sich, die Buße anzunehmen. Als dann Chramnesind das Besitztum Sichars geplündert hatte, wurden die Parteien vom Grafen nach der Stadt Tours vorgefordert. Sie vertraten hier ihre Sache selbst, und die Richter, unter denen wir die Rachineburgen zu verstehen haben, fanden das Urteil. Die Buße wurde nach dem Urteilsspruch gezahlt, und die Parteien versöhnten sich. Alles dieses sind Momente, wie sie für das Volksgericht charakteristisch sind und wie sie Gregor sehr richtig erwähnt hat.

Die Herrschergewalt der Merowingischen Könige wuchs mit den bedeutenden Eroberungen, den beständigen Kriegen, der Unterwerfung römischer Unterthanen, denen das germanische Unabhängigkeitsgefühl fremd war, und wurde durch den Beistand der katholischen Kirche unterstützt. Wir erkennen dies an der Entwickelung der Gesetzgebung. An den ältesten Teil der Lex Salica in 65 Titeln hat sich die spätere Gesetzgebung der Könige angeschlossen, welche uns in sechs Kapitularen erhalten ist. Die älteste Lex Salica ist nach dem Inhalt auch ein

---

[1] Gregor. Tur. VII, 47: Dehinc cum in judicio civium convenissent, et praeceptum esset, ut Austregisil, qui homicida erat, et interfectis pueris res sine audientia diripuerat, censura legali condemnaretur — — — Tunc partes a judice ad civitatem deductae causas proprias proloquuntur: inventumque est a judicibus, ut qui nolens accipere prius compositionem, domos incendiis tradidit, medietatem pretii, quod ei fuerat judicatum, amitteret. — — —

königliches Gesetz „leges dominicae", nach dem kürzeren Prolog aber in der Stammesversammlung erlassen, also nur unter Vorsitz des Königs, während der längere Prolog schon den veränderten Verhältnissen Rechnung trägt, indem er die gesetzgeberische Thätigkeit der Könige erwähnt.[1] Die ersten drei Kapitulare enthalten altes salisches Recht, ohne daß man es bestimmten Königen oder Jahren zuweisen kann. Das vierte Kapitular geht wahrscheinlich auf Childebert I. und Chlothar I., d. h. auf die Jahre 511 bis 558 zurück. Das sechste Kapitular wahrscheinlich auf Chilperich I., also auf die Zeit von 561 bis 584. Das fünfte Kapitular endlich, Chilperici edictum[2], ist nach dem ersten Kapitel in den Jahren 573 bis 575 von Chilperich I. erlassen und zeigt in den Kapiteln sieben und neun eine Fortbildung des Königsgerichts.

Das Kontumazialverfahren[3] im ersten und zweiten Termin des Volksgerichts verläuft im Edictum Chilperici[4] mit kleinen Abweichungen ebenso wie in der Lex Salica; jetzt erhält aber das Volksgericht das Recht, in einem weiteren Termin auch ohne ein Erfüllungsgelöbnis des Angeklagten auf Exekution durch den Grafen zu erkennen, der dann von dem Kläger zur Pfändung formell angehalten wird. Nun führen zwei Wege vor den König. Ist der Verklagte zahlungsunfähig, so wird er vom Grafen dem Kläger übergeben, welcher ihn dreimal im Volksgericht und zum vierten Male im Königsgericht anbietet, damit jemand die Schuld für ihn erlege. Dabei ist der Termin auf 84 Nächte verlängert worden, um den Verklagten durch den Grafen und den Kläger vor den König zu führen und durch Zeugenbeweis darzuthun, daß bis dahin dem Recht in vorgeschriebener Weise Genüge geschehen ist. Wird der Verklagte nicht eingelöst, so überantwortet ihn dann der König dem Kläger, damit dieser nach seinem Belieben über ihn verfüge. Entgegen dem früheren Brauch der Lex Salica[5], wonach die Vorstellung nur im Volksgericht erfolgte, da Privatrache und Privatpfändung zur Entscheidung dem Thunginus überwiesen waren[6], hat der König allein sich das Recht vorbehalten über Leben und Tod zu verfügen. Dagegen tritt eine Überlieferung des Verklagten nicht nur bei Verwirkung des Wergeldes, sondern

---

[1] Lex Salica herausgegeben von J. Fr. Behrend nebst den Kapitularien zur Lex Salica bearbeitet von Alfred Boretius. Berlin 1874. Vgl. Bethmann-Hollweg: Der germanisch-romanische Civilprozeß, 1868, S. 442 fg. Loening, Geschichte des deutschen Kirchenrechts, Bd. 2, 1878, S. 28, Note 1, gegenüber Waitz: Das alte Recht der salischen Franken, 1846, S. 39 fg., und Sohm R. und GV, 1871, S. 50 fg.

[2] Lex Salica von J. Behrendt, S. 105.

[3] Sohm, Der Prozeß der Lex Salica. Weimar 1867, S. 199—216.

[4] Chilperici edictum c. 7.   [5] L. Sal. 58.

[6] L. Sal. 58 und 50, 2. Sohm: R. u. GV., S. 100.

bei jeder Deliktssache ein, und die Exekution ist dem Grafen zugestanden, auch ohne daß der Verklagte ein Erfüllungsgelöbnis abgelegt hatte, wie dies früher[1] die Lex Salica forderte. Einen tieferen Einblick in die Umwandlung der gerichtlichen Thätigkeit des Königs gewährt der Fall, daß die Exekution des Grafen angefochten wurde, es ging dann das Exekutionsverfahren in letzter Instanz an den König. Der Verklagte wie der Kläger werden von dem Grafen feierlich aufgefordert, nach 42 Nächten vor dem König zu erscheinen. Der Graf tritt jetzt als Kläger auf, da gegen ihn die Behauptung einer unrechtmäßigen Handlung erhoben ist. Der Graf kommt auch zuerst im Königsgericht zum Wort. Er behauptet gegen den Kläger: „Du hast mich förmlich zur Vornahme der Pfändung aufgefordert." Gesteht dies der Kläger zu, so hat er die sieben Rachineburgen zu stellen, welche das Urteil auf Exekution gefunden haben. Von diesen müssen wenigstens drei zur Stelle sein, wie bei jedem Zeugenbeweis, wenn die übrigen echte Not angemeldet haben, sonst erhält der Angeklagte die gepfändeten Sachen zurück und der Kläger verfällt der Strafe von 200 Solidi[2]. Gelingt aber die Abweisung des Schuldigen, so ist die Überweisung an den Kläger wie im vorhergehenden Falle vorauszusetzen, wenn das Edikt dies auch nicht direkt ausspricht. Daneben läuft aber noch das Kontumazialverfahren, welches analog der Lex Salica[3] zur Friedloserklärung vor dem König führt, nämlich wenn der insolvente Verklagte flüchtig geworden, so daß eine Exekution faktisch verhindert[4] ist. Neben der Exekution des Grafen in contumaciam besteht noch die Exekution der Lex Salica[5] nach abgelegtem Urteilserfüllungsgelöbnis.

Die Lex Salica zeigt uns den König, wie er als höchste Autorität den Verächter des Gesetzes aus der Gemeinschaft des Staates ausschließt. Das Edikt Chilperichs lehrt uns schon eine Verhandlung kennen, die vor dem König geführt wird. Der Graf tritt als Kläger auf, es muß die Rechtmäßigkeit seiner Handlung festgestellt werden, um die Anfechtung seiner Exekution abzuweisen. Auch hängt es nicht mehr ganz von dem Belieben des Angeschuldigten ab, ob er es auf eine Friedloserklärung vor dem König ankommen lassen will; sobald man seiner habhaft werden kann, wird er dem Kläger ausgeliefert und kann er nur durch Anfechtung der Exekution die Entscheidung vor den König bringen. Die Entstehung der Lex Salica wird nach dem Prolog auf das Volk zurückgeführt, der König nur als höchste Autorität durch das „ante regem"[6] genannt. In

---

[1] L. Sal. 50.   [2] L. Sal. 51.   [3] L. Sal. 56.   [4] Chilperici edictum c. 9.
[5] L. Sal. 50 u. 58, 2.
[6] L. Sal. 56 ante regem; L. Sal. 18 ad regem; L. Sal. 26 ante rege; L. S. 46, 1 ante rege; L. S. 14, 4 de rege; L. S. 13 in verbum regis, puer regis.

dem Edikt führt sich Chilperich selbst ein.[1] Er beschließt nach Verhandlung mit den Vornehmen des Landes, seinem Gefolge und dem
Volke; er behält sich persönlich die Entscheidung vor durch das „nobis
praesentibus erit, ad nos adducant"[2], kurz, der ganze Unterschied zwischen
Volksrecht und Staatsrecht tritt uns schon in der Lex Salica und dem
Edikt entgegen. Nichts deutet darauf hin, dass der König in seiner
richterlichen Thätigkeit beschränkt ist. Er entscheidet aus eigener Machtvollkommenheit, und diese Machtvollkommenheit hat. sich nach dem
Bericht des Gregor auch auf seinen Beamten, den Grafen, übertragen, der
uns in zweifacher Stellung entgegentritt: als Vorsitzender des Volksgerichtes
und selbständig handelnd kraft königlicher Machtvollkommenheit. Einen
weiteren Beitrag bieten die Heiligenleben, in denen oft Verurteilter Erwähnung geschieht. Venantius Fortunatus erzählt von der heiligen
Radegunde[3], daß sie für die bat, welche wegen schwerer Verbrechen vom
König zum Tode verurteilt wurden und durch Verwendung der Vornehmen
und Beamten die Strenge des Königs besänftigte. Aus dem Gefängnis
riefen die Verbrecher ihre Hülfe an; ein Tribun, also der Sacebaro, läßt
auf ihre Vermittelung das Gefängnis öffnen und befreit sieben Gefangene.

Der heilige Albinus[4] kauft nach Venantius Fortunatus eine angesehene Frau Etheria vom König los, welche auf Befehl desselben gefangen gehalten wurde. Vom heiligen Germanus[5] berichtet Venantius
Fortunatus, daß er Gefangene aus dem Gefängnis des Tribunen von
Paris befreit habe. Solche Befreiungen erscheinen sehr oft in den
Lebensbeschreibungen der Heiligen, sie sind zudem meist mit Wun-
dern verknüpft.

Ebenfalls bieten die Heiligenleben ein anschauliches Bild des König-
gerichtes als Ausfluß der absoluten Gewalt des Königs, wie es uns bisher in Geschichtsschreibung, Volksrecht und Kapitularien entgegen ge-

---

[1] Chilp. edict. 1. Pertractantes in Dei nomine cum viris magnificentissimis
obtimatibus vel anstrustionibus et omni populo nostro convenit — — —

[2] Chilp. edict. 7 und 9.

[3] Mabillon, Acta Sanctorum ordinis S. Benedicti, ed. Venetiana I, 302 Vita S.
Radegundis reginae auctore Venantio Fortunato episc. Pictav. c. 10: Qualiter vero,
si quis pro culpa criminali, ut assolet, a rege deputabatur interfici, sanctissima
regina moriebatur cruciatu, ne designatus reus moreretur in gladio! Qualiter con-
cursabat per domesticas fideles servientes et proceres, quorum blandimentis mulcebat
animum principis, donec in ipsa ira regis, unde processerat sors mortis, inde cur-
reret vox salutis, c. 14: . . . rei retrusi pro crimine sucurri sibi clamabant, vocife-
rantes de carcere . . . . .

[4] Mab. I, 103 Vita S. Albini episcopi Andegavensis auctore Venantio Fortunato ep. Pict.

[5] Mab. I, 222 Vita S. Germani episcopi urbis Parisiensis auctore Venantio Fortunato.

treten ist. Aus der Zeit des König Gunthram, des letzten kraftvollen Herrschers der Merowinger ist uns das gleichzeitige Leben des Bischofs Austregisil[1] erhalten; nach diesem war am Hofe des Königs Gunthram ein Mann Baetelenus, welcher Königsgut unrechtmäßigerweise an sich gerissen hatte. Der König beschuldigte den Baetelenus, und dieser suchte sich durch gefälschte Urkunden zu rechtfertigen. Als der König aber frug, wer die Urkunden ausgestellt hätte, nannte Baetelenus den Bischof Austregisil. Dieser leugnete die Ausfertigung. Der erzürnte König befahl nun, daß beide mit einander kämpfen sollten, damit Gott entscheiden könnte, wer ihn täusche. Sehr anschaulich ist sodann geschildert, wie der Bischof am festgesetzten Tage sich zum Kampfe rüstete, in die Kirche zum Gebet eilte, und im Vertrauen auf Gottes Gerechtigkeit den Platz betrat, wo der König die Kämpfer zu erwarten pflegte. Der König war bereits erschienen, als ein Bote atemlos herbeikam und den Tod des Baetelenus berichtete. Derselbe hatte bei Tagesanbruch ein Pferd bestiegen, das ihn abwarf und tot trat. Da eilte der König zu dem Bischof hin und sprach: „Gott hat für dich gekämpft, dessen Hülfe du so treu angefleht hast, den Baetelenus traf die Rache Gottes." Das Ganze ist so anschaulich erzählt, daß wir den Eindruck bekommen, es sei aus dem Leben gegriffen; und da die Quellen dem nicht widersprechen, so können wir diesen Bericht wohl als das Bild der richterlichen Thätigkeit eines merowingischen Königs der guten Zeit, als deren letzter Repräsentant uns Gunthram überliefert ist, hinstellen.

Ein zweites Beispiel[2] gehört der Übergangszeit, und zwar der Regierung Chlothar II. an. Bischof Maximus klagte die Äbtissin Rusticula bei König Chlothar an, daß sie heimlich einen Sohn Theuderich II. auferziehe, und wurde darin unterstützt durch einen vornehmen Großen Riccimirus. Diesen beauftragte der König mit Untersuchung der Sache, und er berichtete, daß er die Rusticula schuldig befunden hätte. Darauf sandte der König einen seiner Großen ab, die Rusticula vor ihn zu bringen. Dem Grafen des Ortes wurde bei Todesstrafe befohlen, die Äbtissin auszuliefern. Rusticula erschien nun am Königshof. Von König und Fürsten wurde über die Beschuldigung eine Untersuchung angestellt, und Rusticula reinigte sich durch einen Eid. Erschreckt durch den Tod seines Sohnes und auf den Rat seiner Großen, entließ dann der König die Rusticula unter großen Ehren. Hier treten die Großen schon merklich in den Vordergrund, und wenn auch der König als allein handelnd erscheint, da nur von einem Rat der Fürsten die Rede ist, so

---

[1] Mab. II, 88. Vita S. Austregisili episcopi Bituricensis, c. 3.
[2] Mab. II, 130. Vita S. Rusticulae abbatissae Arelatensis auctore Florentio presbytero Tricastinensi, c. 17.

macht sich derselbe doch geltend und sollte bald maßgebend sein.   Ohne
Rat sind die Könige nie gewesen, nach Gregor üben die Bischöfe und
Großen sogar oft einen bedeutenden Einfluß aus; der Grad desselben
steht aber allein im Belieben des Königs, der sich demselben hingiebt.
Bischof Leodegar, von dem wir zwei Lebensbeschreibungen[1] besitzen,
ergänzt durch ein Leben des Bischof Präjectus[2], führt uns schon mitten
in den Kampf der Großen des Reiches hinein, eines Wulfoald, Ebroin
und Leodegar.   Wulfoald und Leodegar an der Spitze einer mächtigen
Adelspartei erlagen Ebroin, der, wie einst Königin Brunichildis, mit
allen Mitteln eine starke Regierungsgewalt herzustellen strebte.   Hector
und Leodegar, welche den Bischof Präjectus vor dem König verklagten,
wichen dem Einfluß des Wulfoald.   Hector wurde getötet.   Ebroin,
wieder zur Herrschaft gelangt, dachte nur an Rache.   Das war keine
Zeit für die absolute Richtergewalt des Königs.   In den Parteikämpfen
gewannen die Großen des Reiches an Macht, mit der die Erwerbung
von Rechten Hand in Hand gehen mußte.

Drittes Kapitel.

Resultate.

I. Über die gerichtliche Befugnis des Königs im Concilium zur Zeit
der Germania geben uns die Quellen keinen genügenden Aufschluß,
gewiß wissen wir nur, daß der princeps in der Hundertschaft zu Gericht
saß; doch sind wir über die Formen, in denen diese Gerichtsverhandlungen sich bewegten, nicht unterrichtet.

Mit größerer Machtvollkommenheit sind im Concilium die Priester
ausgestattet, die auch im Kriege auf göttlichen Befehl die Strafen voll-
streckten.   Doch sehen wir in den Kapiteln elf und zwölf der Germania
im Prinzip den Weg schon angebahnt, den die Könige, als das Königtum

---

[1] Mab. II, 649. Vita S. Leodegarii episcopi Augustodunensis, auctore anonymo
c. 8: Ebroinus cum majordomus effectus esset, cogitare coepit de ultione inimicorum,
qui eum noluerunt subregulum . . . . . Mab. II, 668. Vita S. Leodegarii auctore
Ursino c. 5: — — praedictus Hictor ibidem est interfectus — — —

[2] Mab. II, 611. Vita S. Praejecti episcopi Arvenensis c. 12: — — maxime-
que qui Vulfoaldi seniorisdomus fiducia perusus erat; intempesta nocte cum . S.
Leodegario male multato uterque fugam ineunt . . . Hector vero captus, regalibus-
que edictis peremptus est. — — —

feste Wurzeln gefaßt hatte, einschlugen, um mit fester Hand eine Rechts-
ordnung zu schaffen. Eine bestimmte Grundlage war in dem Hundertschaftsgericht gegeben; auf dieses mußte der König Einfluß zu gewinnen
suchen und dann die Gerichtspflege im Concilium in seine Hand nehmen,
indem der gesetzliche Zwang, sich vor Gericht zu stellen, auf alle freien
Germanen auch bei Blutrache ausgedehnt wurde.

II. Aus der Lex Salica haben wir das negative Resultat gewonnen,
daß der König zur Zeit der Abfassung der Lex Salica kein Urteil fällte,
sondern nur als höchste Autorität im Staate dasselbe vollstreckte und
die höchste Strafe für den Verächter des Gesetzes verkündete. Wir
können infolgedessen von einer Rechtsprechung des Königs im eigentlichen Sinne auch in der Zeit der Lex Salica noch nicht sprechen.

III. Indessen finden wir schon in der Zeit der Lex Salica königliche
Beamte, welche dem Volksgericht beiwohnen müssen, um das Friedensgeld einziehen und der förmlich an sie gerichteten Aufforderung zur
Exekution nachkommen zu können. Es bedurfte seitdem nur einer Erstarkung der königlichen Macht, um die Gerichtshoheit des Königs an
die Stelle der Gerichtshoheit des Volkes zu setzen.

IV. Aus der Zeit der Reichsgründung ersehen wir, daß der König
unbeschränkt das Richteramt übt, daß dem Volksgericht, welches nach
Volksrecht urteilt, der Graf, ein königlicher Beamter, vorsteht, und endlich tritt uns das geistliche Gericht, das sich in einem freieren Inquisitionsverfahren bewegt, entgegen. In diesen drei Momenten ruht zugleich
die ganze spätere Entwickelung des Königsgerichtes.

V. Das Edikt des Königs Chilperich bringt in Form eines Gesetzes
die veränderte Stellung des Königs zur Geltung, der König hat an
zwingender Gewalt gegen den Schuldigen gewonnen, das Amtsrecht ergänzt das Volksrecht. Seit der Reichsgründung hatte der König als
Feldherr unbedingte Strafgewalt, und aus dieser Machtfülle des Königs
ging eine richterliche Thätigkeit hervor, welche nicht dem germanischen
Boden entstammte, sondern auf römische Verhältnisse zurückzuführen
ist, eine Machtfülle, die auf den Beamten des Königs, den Grafen, überging. Die Merowinger nahmen die äußeren Abzeichen des römischen
Patricius an, sie bildeten das ganze Schriftwesen dem römischen Muster
nach; so werden sie auch bald die Vorzüge römischer Gerichtshoheit er-
kannt haben.

VI. Die Könige der Franken sind im fünften und sechsten Jahrhundert mit absoluter königlicher Macht ausgestattet, als Feldherren und
Richter gebieten sie über Leben und Tod ihrer Unterthanen; sie üben
Kriminalrechtspflege, Civiljurisdiktion, sie bilden die Appellationsinstanz,
ziehen Herzöge und Grafen zur Rechenschaft. Die Könige entscheiden

2*

besonders über Landesverrat und Hochverrat, worüber zur Zeit der
Germania dem Concilium das Urteil zustand. Wir finden in dieser
Zeit die Könige weder an eine Form noch ein Gesetz gebunden, sodaß
wir uns die Gerichtshoheit der Könige so zu denken haben, wie uns
die Rechtsprechung der römischen Kaiser überliefert ist. Von einem
förmlichen Gericht der Großen des Reiches unter Vorsitz des Königs
können wir nicht sprechen, weil diese Entwickelung einer späteren Zeit
angehört.

VII. Von dem Gebiete an der Schelde, wo die salischen Franken sich
niedergelassen und ein Stammesreich gebildet hatten, wie es sich uns
in der Lex Salica darstellt, zog König Chlodovech aus, sich ein neues
Reich zu erobern. Mit der Reichsgründung war der König souverän
geworden; das zeigt sich in seiner Stellung als Feldherr und Richter,
sowie darin, daß das Beamtenernennungsrecht jetzt unbeschränktes königliches Hoheitsrecht ist, und erst im Jahre 614 wieder eine Einschränkung
erfährt. Die Beamten des Königs traten jetzt auch an die Stelle der
vom Volke gewählten Richter. Der Graf wird Vorsitzender des echten
Dinges an Stelle des Thunginus, und sein Unterbeamter, der Sacebaro,
hält das gebotene Ding ab. Damit hat auch die Heeresversammlung
als Gerichtsversammlung ihre Bedeutung verloren und der König ist
daher Inhaber der Gerichtshoheit geworden. Das Concilium war ver-
schwunden, die Heeresversammlung hatte ihre Hoheitsrechte an den
König abgegeben, ohne daß sich sogleich neue Formen herausbildeten,
welche dem Volke eine Teilnahme an den Hoheitsrechten des Staates
gestatteten. Erst mit der Schwächung des fränkischen Königtums trat
das nationale Element mehr hervor und das Königsgericht gewann damit
seine Ausbildung in Anlehnung an die Kirche, welche allein durch
ihren Reichtum und ihr Ansehen beim Volke auch den Merowingischen
Königen Achtung abgezwungen hatte; denn nur der Geistlichkeit gegenüber sahen wir die Könige ein milderes Strafverfahren beobachten. Doch
nicht das gesamte freie Volk des allgemeinen Unterthanenverbandes,
sondern nur die Großen des Reiches waren berufen, an dem Königsgericht mitzuwirken, nachdem sich dieselben neben der Geistlichkeit aus
dem Amtsadel zu größerer Macht emporgeschwungen hatten.

Zweiter Teil

Die Entwickelung des Königsgerichts in der zweiten Hälfte des siebenten und im achten Jahrhundert.

Die bisherige Untersuchung hat dargethan, daß die Stellung des Königs in der Zeit der Germania von uns nicht festgestellt werden kann. In der Lex Salica aber tritt der König als die höchste Autorität des Staates auf, und mit der Reichsgründung sehen wir ihn als absoluten Herrscher. Dieses Wachsen seiner Macht zeigte sich in seiner Stellung zur Gerichtshoheit. Von der Gerichtshoheit des Volkes löst sich die oberste Exekutive ab, bis dann der König als oberster Gerichtsherr die volle Gerichtshoheit ausübt. Seit dem Tode Gunthrams wuchs die Macht der geistlichen und weltlichen Großen des Reiches unmündigen Regenten gegenüber so, daß sie selbst an der wichtigsten Aufgabe des Königs, der Rechtsprechung, teilnahmen. Wohl waren die Könige an die Stelle der Völkerschaft und Stammesversammlung getreten, doch hatten sie versäumt, eine Verbindung mit dem Volke festzuhalten, sodaß jetzt König und Volk durch den Einfluß der Großen des Reiches zurückgedrängt wurden.

Erstes Kapitel.

Die wachsende Macht der Großen des Reiches nach der Geschichtsschreibung, der Gesetzgebung und den Urkunden.

Mit Gunthram war im Jahre 593 der letzte bedeutende Herrscher der Merowinger gestorben, doch traten schon unter ihm nach dem Tode Childerich I. im Jahre 584 die Großen der Franken hervor. Es folgten vom Jahre 584—752 dreizehn Herrscher in unmündigem Alter, unter denen geistliche und weltliche Große hervorragenden Einfluß gewannen,

bis das Haus der Arnulfinger sich an die Spitze stellte und das Merowingische Königshaus stürzte. Aus den Zeiten der sinkenden Merowingischen Macht[1] besitzen wir, und zwar aus dem Jahre 658, den urkundlichen Bericht über ein förmliches, unter Vorsitz des Königs statt-
findendes Gericht der Großen.

Nachdem Gregor von Tours geendet, folgen wir der Weiterentwickelung
zunächst an der Hand des Fredegar und der Gesta Francorum. Auch
sie berichten uns von Fällen, in denen die Könige aus eigener Machtvollkommenheit die härtesten Strafen über angesehene geistliche und weltliche Große verhängen.[2]

Chlothar II. wurde im Jahre 613 von den Austrasischen Großen
in ihr Land gerufen und versicherte der Königin Brunichildis gegenüber, daß er das Urteil ausführen werde, welches die vornehmen Franken
abgeben würden[3], später jedoch befahl er allein die Tötung der Söhne des
Theuderich und der Brunichildis.[4] Grimoald, der Majordomus von Austrasien, wurde von den Franken selbst zu König Chlodovech II. gebracht
und unter Martern getötet.[5]

Die Großen aber, wenn sie sich zur Würde des Majordomus emporgeschwungen hatten, handelten nun ebenso selbständig wie die Könige,
wie wir dies am besten in dem Kampfe zwischen Ebroin, dem Majordomus, und dem Bischof Leodegar von Autun erkennen.[6]

In den vorliegenden Beispielen wird ein förmliches Urteil nicht angeführt, während wir aus derselben Zeit (von Chlothar III. in den
Jahren 658—663 und von Theuderich III. aus dem Jahre 679) schon
Urkunden über ein Königsgericht besitzen, also aus der Zeit, wo Ebroin
unangefochten herrschte. Als die Karolinger dann unbestritten Majordomus geworden waren, beginnen die weiteren Königlichen Gerichtsurkunden
Chlodovechs III. mit dem Jahre 691.

Für diese Entwickelung finden wir noch weitere Belege in Geschichtsschreibung und Gesetzgebung. Zum ersten Mal treffen wir in
der Geschichtsschreibung auf ein warmes Lob der Gerechtigkeit während

---

[1] Vgl. Waitz, Verfassungsgeschichte, Bd. 2², 1870, S. 645—705, c. 8: Cha·
rakter und Umbildung der Verfassung. — Richter, Annalen des fränkischen Reiches
im Zeitalter der Merowinger. Halle 1873.

[2] Fredegarii chronicon, c. 21, 24, 27, 32, 36, 38, 40, 42, 43, 44, 52, 54.
Bouquet II, 417 fg.

[3] Fredegarii chron., c. 40, Bouquet II, 429: Chlotharius . . . judicio Francorum
electorum, quicquid praecedente Domino a Francis inter eosdem judicabitur, polli-
cetur sese implere.

[4] Fred. chron. c. 42. Bouquet II, 430.

[5] Gesta Francorum, c. 43. Bouquet II, 568.

[6] Gesta Francorum, c. 45, 46, 47. Bouquet II, 569, 570.

der Regierung Dagobert I. Fredegar[1] erwähnt nämlich, daß Bischöfe, Vornehme und Geringe Furcht bekamen vor dem Richterspruche dieses Königs, er urteilte über arm und reich unbestechlich und ohne Ansehen der Person. Diese Gerechtigkeitsliebe Dagoberts wird dann auf den Rat des Bischofs Arnulf von Metz, auf den Majordomus Pippin und später den Bischof Chunibert von Köln zurückgeführt. Weiter bricht Fredegar[2] in Klagen aus, als Dagobert in Paris sich dem Einflusse Pippins entzieht, und da Dagobert in jugendlichem Alter in Austrasien zur Regierung kam, so ist die Darstellung Fredegars gewiß begründet, und wir dürfen dieses Lob der Gerechtigkeit auf Einwirkung der Karolinger zurückführen.

In der Gesetzgebung giebt uns die Lex Ribuaria[3] einen Anhalt. Dieses Gesetz zeigt uns die Entwickelung[4] des königlichen Einflusses von der Lex Salica bis auf Karl d. Gr. Schon der erste Teil, Titel 1—31, unter Theuderich I. entstanden, zeigt das Gesetz als königliche Konstitution.[5] Der zweite Teil, Titel 32—64[6], etwa 50 Jahre später entstanden, weist schon auf die Entwickelung des Salischen Rechtes nach dem Edictum Chilperici hin, denn in Titel 50 und 55 ist der Partei der prozessualische Zwang entzogen. Wenn aber die Leitung des Prozesses dem Volke, respektive den Parteien entzogen wird, so fällt diese Thätigkeit dem Könige zu, dessen Macht wir somit gewachsen finden. Der dritte Teil der Lex Ribuaria, Titel 65—74, führt uns noch einen Schritt weiter. Titel 65[7] hebt mit dem Königsbann an im Gegensatz zu dem mannire des zweiten Teiles, und Titel 69[8] bestimmt die Todesstrafe für Infidelität, worunter Angriff auf das Leben des Königs, Beleidigung desselben und seiner Familie, Landesverrat, Aufruhr und Auswanderung zu verstehen

---

[1] Fredegarii chron., c. 57. Bouquet II, 436. Gesta Francorum. c. 42, Bouquet II, 568.

[2] Fredegarii chron., c. 60, 61. Bouquet II. 437.

[3] Sohm, Die Entstehung der Lex Ribuaria, Zeitschrift für Rechtsgeschichte, Bd. V, S. 380 fg. Weimar 1866.

[4] Wir können Sohm nicht folgen, wenn er in seiner Abhandlung „Fränkisches Recht und Römisches Recht", Weimar 1880, S. 4, die Lex Ribuaria als das erste Opfer der aufsteigenden Übermacht des salischen Frankenrechts hinstellt, da wir an der Entwickelung des Amtsrechtes gegenüber den Volksrechten festhalten, und dieses nicht als eine Weiterentwickelung der Lex Salica ansehen.

[5] Lex Ribuaria 18 u. 31. Walter, Corpus juris Germanici antiqui I, 166 fg.

[6] Es beginnt dieser Teil auch mit einer Ladung vor den König. Lex Rib. 32, 4: ut se ante regem repraesentet et ibidem cum armis suis contra contrarium suum se studeat defensare.

[7] L. Rib. 65. De eo qui bannum non adimplet.

[8] L. Rib. 69: De eo qui regi infidelis extiterit. Si quis homo regi infidelis extiterit, de vita componat et omnes res ejus fisco censeantur. Marc. I, 32 (Roz. 42).

ist. Wir finden also hier die Pflicht der Unterthanen gesetzlich fest-
gestellt. Es stammt dieser Teil aus dem Anfang des siebenten Jahr-
hunderts nach Übereinstimmung des Titel 79 mit dem Kapitel 7 des
Decretum Childeberti II.[1], worin der Reinigungseid eines verklagten
Diebes eine Einschränkung erfährt, in Kapitel 8 des Dekrets wird die
Todesstrafe des freigeborenen Franken dem Könige vorbehalten, während
hier sowohl wie in Titel 79 die Todesstrafe gegen geringe Leute dem
Grafen überlassen wird. Childebert II. aber war mit fünf Jahren von
Austrasischen Großen auf den Thron erhoben worden. Der vierte Teil
endlich, Titel 88 und 89[2] schließt mit einem königlichen Gesetz, welches
durch die Erwähnung des Majordomus auf die letzte Zeit der Merowinger hindeutet.

Es zeigt demnach die Lex Ribuaria eine fortwährende Zunahme der
königlichen Macht dem Volke gegenüber, die Entwickelung des Amtsrechtes gegenüber dem Volksrecht, sodaß ein Einfluß des Volkes auf
die Umgestaltung des Königsgerichtes ausgeschlossen ist. Die Aufzeichnung selbst erfolgte aber schon unter Einfluß der Großen, welche sich
dadurch gegen Willkür schützten, wie dies der Vergleich mit der Gesetzgebung Childerich II., das Auftreten des Majordomus und die ganze
Fassung des siebenten Teiles der Lex Ribuaria erweist. Sahen wir fort-
laufend den wachsenden Einfluß des Königs und der Großen auf das
Volksrecht einwirken, so erhellt ihre Macht ganz besonders aus den
Dekreten, Edikten und Konstitutionen der Merowingischen Könige. Childebert I. beginnt seine Konstitution[3] ganz nach römischem Muster und
aus eigener Machtvollkommenheit. In dem Dekret Childebert I. und
Chlothar I.[4] wird der persönliche Erlaß dieser Vorschrift besonders hervorgehoben. Gunthram[5] befiehlt, daß sein Edikt für alle Zeit beobachtet

---

[1] LL. I, S. 10, c. 7.

[2] Hoc autem consensu et consilio seu paterna traditione et legis consuetudine
super omnia jubemus, ut nullus optimatum, maiordomus, domesticus, comes, Grafio,
Cancellarius, vel quibus libet gradibus sublimatus, in provincia Riquaria, in judicio
residens munera ad judicium pervertendum non recipiat.

[3] LL. I, 1. Childeberti I. regis constitutio: Credimus . . . et ad nostram
mercedem et ad salutem populi pertinere . . . Et quia necesse est ut plebs . . .
Nostro etiam corigatur imperio hanc chartam generaliter per omnia loca decrevimus
mittendam, praecipientes ut . . . datis fidejussoribus non aliter discedant, nisi in
nostris obtutibus praesententur.

[4] LL. I, 7, 11; Lex Salica von Behrend S. 101; Pactus pro tenore pacis
domnorum Childeberti et Chlotharii regum, c. 16: Pro tenore pacis jubemus . . .
Et quia propiciante Domino inter nos germanitatis caritas, indisruptum vinculum
custoditur . . .

[5] LL. I, 3: . . . cuncta ergo quae hujus edicti tenore decrevimus, perpetualiter
volumus custodiri.

werden solle. Wir haben schon früher gesehen, wie in dem Edikt
Chilperich I.[1] der Charakter des Amtsrechtes sich geltend macht. In dem
ersten Kapitel wird einer Verhandlung mit den Großen des Reiches, den
Antrustionen und dem Volke gedacht, doch tritt die eigene Person des
Königs stets in den Vordergrund. In dem Vertrag von Andelot sprechen
Gunthram und Childebert II.[2] von einer Beratung der geistlichen und
weltlichen Großen. Childebert II.[3] erwähnt eine regelmäßige Beratung
mit denselben, immer jedoch wird die Entscheidung vom König getroffen.
Wie sehr aber die Macht der Großen des Reiches gewachsen ist, beweist
die Gesetzgebung Chlothar II. vom Jahre 614.[4] Der König räumte darin
den Geistlichen das Vorrecht ein, daß in Civilfällen vor dem Einschreiten
des weltlichen Gerichts erst der Bischof in Kenntnis gesetzt werden
sollte, um ihm eine Vermittelung zu gestatten. Im Interesse der weltlichen Großen wurde die Ernennungsfreiheit der Grafen beschränkt, die
von nun an nur aus den Mächtigen eines Gaues selbst genommen werden
durften.

Gehen wir zu den Diplomen über, so nehmen wir auch hier ein
allmähliches Auftreten des Einflusses der Großen wahr. Chlodovech I.[5]
stellt noch ganz einfach in seinem Namen eine Schenkungsurkunde aus.
Mit seinem Sohne Childebert I.[6] beginnt bereits die Arenga, welche als
eine Pflicht des Königs hinstellt, für die Kirche zu sorgen, eine Rolle
zu spielen. Dieser König gründete auch eine Kirche[7] mit Übereinstimmung geistlicher und weltlicher Großen, und Chilperich I.[8] drohte
mit dem Zorn Gottes und Friedloserklärung, wenn jemand ihn hindern
wolle, den Willen Gottes zu erfüllen. Bei Chlodovech II.[9] unterzeichnet
seine Mutter, da er selbst hierzu noch nicht im Stande ist, er bestätigt
im Jahre 653[10] ein Privileg auf den Rat geistlicher und weltlicher
Großen, welches noch von vier Bischöfen, dem Majordomus, dem Pfalzgraf
und 43 Unterschriften bestätigt wird; wir finden also Zeugen bei einer
Königsurkunde, als ein Zeichen, daß die Zusicherung des jungen Königs
allein nicht genügte. Eine Verleihungsurkunde Sigibert II.[11] vom Jahre
648 ist ebenfalls unter Zustimmung vieler geistlicher und weltlicher

---

[1] LL. II, 10. Lex Salica von Behrend, S. 105, Chilperici edictum, c. 1. 7.
[2] LL. I, 5, a. 587. Gunthramni et Childeberti II. regum pactum: id inter eos
mediantibus sacerdotibus atque proceribus . . . complacuit atque convenit . . .
[3] LL. I, 9. Childeberti II. regia decretio: cum . . . nos omnes Kalendas
Marcias de quascumque conditiones una cum nostris optimatibus pertractavimus . . .
[4] LL. I, 14. Chlotharii II. edictum anni 614, c. 4, 12, 24.
[5] DD. I, 1, Chlodoveus I. a. 510.
[6] DD. I. Nr. 2, Childebertus I., a 528.
[7] DD. I. Nr. 5.   [8] DD. I. Nr. 8.   [9] DD. I. Nr. 18.
[10] DD. I. Nr. 19.   [11] DD. I. Nr. 22.

Großen ausgestellt, auch bestätigt er bei einer anderen Verleihung[1], daß nach einer Übereinkunft mit mehreren seiner Getreuen eine Verleihung aus der Zeit seiner Unmündigkeit keine Geltung haben sollte. Für Childerich II.[2] unterzeichnet seine Mutter, und er erläßt eine Urkunde[3] auf den Rat der Königin Emhilde, des Bischofs Rothar und der Großen des Hofes, eine andere Urkunde auf den Antrag vieler Großen und den Rat der Königin. Für Chlothar III.[4] unterzeichnet die Königin Balthildis in vier Urkunden, und im Jahre 662[5] erscheinen 24 Erzbischöfe und Bischöfe als Zeugen unter dem Diplom, während sonst der Königsurkunde als unscheltbar die Zeugen bis zum zwölften Jahrhundert fehlen.[6]

Zweites Kapitel.

Die Placita.

Wenden wir uns nun zu den Placita selbst, den Urkunden, welche über ein königliches Placitum, eine Entscheidung im Königsgericht, ausgefertigt wurden, so wollen wir zunächst die uns erhaltene Anzahl in Betracht ziehen. Aus der Merowingerzeit im siebenten und achten Jahrhundert besitzen wir 24 Placita-Urkunden, unter diesen sind sechs von den Majoresdomus Karl, Karlmann und Pippin ausgestellt.

Aus der Karolingerzeit von den Königen Pippin, Karlmann und Karl d. Gr. sind uns zwanzig Urkunden erhalten, von diesen sind zehn reine Placita-Urkunden, während in den übrigen nur eine Gerichtsverhandlung vor dem König erwähnt wird.

Unsere Aufmerksamkeit nehmen vor allem die Beisitzer des Königsgerichts in Anspruch. In den Placita des siebenten Jahrhunderts sind die Beisitzer vorzüglich der nächsten Umgebung des Königs entnommen, wie wir dies aus den allgemeinen Ausdrücken: intustres viri, optimates, domestici, caeterique palatii nostri ministri schließen können. Optimates[7] werden nach dem edictum Chilperici den Antrustionen gleichgestellt, aus denen höhere Hofbeamte hervorgehen. Von diesen finden wir den Pfalzgrafen, Majordomus und zwölf Optimaten mit inluster vir bezeichnet,

---

[1] DD. I. Nr. 23.   [2] DD. I. Nr. 26.   [3] DD. I. Nr. 28.
[4] DD. I. Nr. 33, 38, 39, 40.   [5] DD. I, 40.
[6] Ficker, Beiträge zur Urkundenlehre. Innsbruck 1877, Bd. I, § 70.
[7] MG. DD. I. Nr. 41, 66, 70; Edict. Chilp., L. Sal. von Behrend, S. 105, c. 1: cum viris magnificentissimis obtimatibus vel antrustionibus; vgl. Waitz, VG. II, 430, Note 2.

während von den Optimaten im ganzen 16 namentlich aufgeführt werden.[1] Domestici[2] sind ebenfalls Titel der höchsten Hofbeamten, von denen sieben genannt werden, zugleich zeigt das caeterique palatii nostri ministri[3], daß man eine Beschränkung in den Hofbeamten nicht anzunehmen braucht. Von den speziellen Hofbeamten kommt dreimal der Majordomus vor[4]; der Seneschalk[5], welcher dem königlichen Haushalt vorstand, wird zehnmal mit Namen genannt und der Referendarius[6], welcher die Urkunden ausfertigte, sechsmal. Der comes oder grafio[7], der eigentliche Regierungsbeamte des Königs und Vorsitzender des Volksgerichts, wird vierundzwanzigmal namentlich aufgeführt und von den weltlichen Beamten am meisten erwähnt. Die Bischöfe[8] erhalten den gewöhnlichen Ehrenvorrang in den Urkunden, 28 sind mit Namen aufgeführt, einmal werden sogar allein Bischöfe angegeben[9], doch fehlen sie auch[10] bei Nennung der Teilnehmer am Königsgericht.

Die speziellen Merowinger-Urkunden bieten uns ein lebhaftes Bild von der Beteiligung der Großen am Königsgericht, doch drängt sich hier die Ausführlichkeit der Angaben auf die Jahre 658—697[11] zusammen, während wir uns von 702—726[12] außer der zweimaligen Angabe des Majordomus Grimoald[13] allein mit proceres und fideles[14] begnügen müssen. Von 714—751 haben wir Placita der Majoresdomus, in ihnen treten uns inlustres viri, optimates, fideles[15] entgegen, von letzteren werden 20 namentlich aufgeführt.[16] Von weltlichen Beamten werden duces, comites und comes palatii genannt[17], von den geistlichen Großen werden vier episcopi und ein abbas mit Namen angegeben, jedoch überhaupt in sechs Urkunden nur zweimal[18] erwähnt. Von König Pippin sind nur drei Placita erhalten[19], von Beisitzern des Königsgerichts werden nur proceres angeführt, die allgemeine Bezeichnung für hohe Haus- und Reichsbeamte und angesehene Männer am Hofe des Königs. Von diesen werden 26 mit Namen genannt, außerdem wird regelmäßig der Pfalzgraf angegeben. Von Karl d. Gr. als König sind acht Placita[20] erhalten, es werden auch im allgemeinen proceres und fideles angeführt, fünf vassi mit Namen ge-

---

[1] DD. I. Nr. 66, 70. [2] DD. I. Nr. 66, 70. [3] Nr. 41.
[4] DD. I. Nr. 70, 73, 77. [5] Nr. 37, 66, 70. [6] Nr. 35, 66.
[7] Nr. 37, 64, 66, 70. [8] Nr. 36, 41, 64, 66, 70. [9] Nr. 36.
[10] Nr. 35. [11] Nr. 35, 64, 66, 70. [12] Nr. 73, 76, 77, 78, 79, 83, 94.
[13] Nr. 73, 77. [14] DD. I. 2. Absch. Nr. 10, 18, 21.
[15] DD. I. 2. Absch., Nr. 10, 18, 21. [16] DD. I. 2. Abt., Nr. 18, 21.
[17] DD. I. 2. Abt. 16, 18, 21, 22, 23. [18] DD. I. Abt. 2, Nr. 16, 21.
[19] Bouquet 5. 697, 699, 703.
[20] Cod. Lauresh. ed. Mannheim 1. 9; Dronke C. d. Fuld. 26; Bouquet 5, 734; Schöpflin Als. dipl. I, 51; Sickel, Beitr. V, Wiener Sitzungsberichte 49, 394; Bouquet 5, 746; Forschungen 3, 151.

nannt[1], zwölf Namen[2] sind ohne besondere Bezeichnung. Von weltlichen
Beamten werden duces[3] erwähnt, comites[4] werden nur in einer allgemein gehaltenen Urkunde nicht aufgeführt und sind dreiunddreißigmal
namentlich angegeben. Nur in zwei allgemein gehaltenen Urkunden
fehlt der Pfalzgraf[5], in einer werden die sämtlichen Scabinen des Moselherzogtums, 44 an der Zahl, zum Königsgericht herangezogen[6], also
das von Karl d. Gr. für das gebotene Ding eingeführte Richterkollegium.
Von geistlichen Großen werden pontifices zweimal[7] erwähnt und einmal
drei Bischöfe namentlich aufgeführt.[8]

Die Macht der Karolinger erkennen wir besonders an den Beisitzern
des Königsgerichts. Im Jahre 719 hielt der Majordomus Karl Martell
ein Placitum[9] ab, also gerade, als Chlothar IV. gestorben war, und er
Chilperich II. von Neustrien als König [des fränkischen Reiches an-
erkannte. In diesem Placitum werden als „fidelibus dominorum vel nostris"
sieben Männer als Beisitzer des Gerichts namentlich aufgeführt und
hinter dem letzten Namen ist noch hinzugefügt „juniore nostro", unterschrieben ist die Urkunde „regnante Chilperico rege". Karl unterscheidet
also königliche und eigene Vasallen, und wenn sich auch die Zahlen
nicht feststellen lassen, so müssen doch beide gleich angesehen gewesen
sein, da sie im Gericht zusammen wirken. Der Ausdruck fidelis ist allgemein und könnte sich auch auf den allgemeinen Unterthanenverband
beziehen, wenn dies auch dem Majordomus gegenüber schwer verständlich
wäre, in demselben Placitum steht aber „et Boboleno, juniore nostro",
das bezeichnet den Vasallen, und Karl erscheint hier in einer Urkunde
als Senior.

Direkt nachweisen läßt sich allerdings nicht, daß die Arnulfinger
schon in dieser Zeit Benefizien gegen persönliche Treuverpflichtung aus-
gaben, denken wir aber an die spätere Entwickelung, so können wir den
Ausgangspunkt in diesem Verhältnis suchen, sodaß die Karolinger
weniger durch bloßen Unterhalt und Schutz „victus et defensio" als durch
Landesverleihung sich einen Anhang bildeten. Ihr Streben nach Macht
zwang sie, den Merowingern gegenüber ein stärkeres Reizmittel anzu-
wenden.

Wenn Pippin im großen Maßstab die Kirchengüter benutzte, um
sich einen Anhang zu schaffen, der ihm persönlich zur Treue verpflichtet
war gegenüber den Antrustionen und dem allgemeinen Unterthanen-

---

[1] Cod. Lauresh. 1, 9.   [2] Bouquet 5, 734, 746;   [3] Dronke 26.
[4] Sickel, Beitr. V. Wiener Sitzungsberichte 49, 394.
[5] Dronke 26.   [6] Forschungen 3, 151.
[7] Dronke 26.   [8] Forschungen 3, 151.
[9] DD. I. 2. Abt. Nr. 10, a. 719.

verband der Merowinger und wir schon bei Karl Martell Vasallen finden, so hat dieser wohl zunächst das Karolingische Hausgut herangezogen, sich einen Anhang zu schaffen, und als allmächtiger Majordomus auch das Königsgut, sodaß dann seine Söhne gezwungen waren, sich nach weiteren Mitteln umzusehen. Wie mächtig mußte Karl Martell aber schon damals sein, daß freie Männer, die doch allein im Gericht Recht sprechen durften, seine. Vasallen waren und er sie den Großen des Reiches an die Seite stellen durfte.

Die Karolinger sind aber auf dieser Stufe nicht stehen geblieben. Pippin und Karlmann reden von ihren Getreuen und Großen während der Regierung Childerich III. von 743—751[1]; sie führen Bischöfe, Äbte, Herzöge und Grafen als ihre Großen auf und nennen sie bei Namen, sowie sie jetzt auch schon von ihren Pfalzgrafen sprechen, was wir auf Grund der Urkunden als eine Weiterbildung auffassen können. Pippin würde nicht im Jahre 747[2] acht und im Jahre 750[3] fünf Männer als seine Getreuen in einem Placitum mit Namen aufführen können, wenn sie nicht wirklich eine Treuverpflichtung gegen ihn eingegangen wären, sie würden sonst gewiß lieber die mächtigen Großen eines schwachen Königs sein wollen, als Antrustionen oder durch allgemeinen Unterthanenverband verpflichtet. Diese Fideles waren aber keine unbedeutenden Männer, dies zeigt außer ihrer Stellung als Beisitzer im Placitum noch der Umstand, daß sie den übrigen, den „reliqui quam plures" gegenübergestellt werden. Für das Selbstgefühl der Karolinger, welches durch eine Reihe angesehener Vasallen gehoben wurde, zeugt auch der Schluß eines Placitum des Majordomus Karlmann vom Jahre 746[4], als Childerich noch regierte, wo er bei Bestätigung eines Besitzes sagt, daß seine Nachfolger, die Könige, über den zu Gericht sitzen sollten, der von seinen Erben diese Schenkung angreifen würde. Es war dies ein prophetisches Wort, denn seine Erben waren selbst seine Nachfolger und Könige, damals, als Childebert noch regierte, konnte man es aber nur so auffassen, daß sich Karlmann als gleichberechtigt mit dem König hinstellte.

Wir wenden uns nun zur Betrachtung des Geschäftsganges am Königsgericht, wie derselbe in den ältesten Placita-Urkunden vorliegt. Chlothar III. sitzt zu Gericht[5], der Kläger, der Vogt des Klosters St. Denis, tritt auf, eine angeklagte Frau zeigt eine Urkunde vor, welche sie in den bestrittenen Besitz einführt, ein Bischof präsentiert eine zweite Urkunde von der Frau zu seinem Gunsten ausgestellt, dagegen bringt

---

[1] DD. I. 2. Abt. Nr. 16, a. 746. [2] DD. I. 2. Abt., Nr. 18.
[3] DD. I. 2. Abt. Nr. 22. [4] DD. I. 2. Abt. Nr. 16.
[5] DD. I. Nr. 34, a. 658.

der Vogt eine dritte Urkunde zu Gunsten seines Klosters vor. Die Ur-
kunden werden vor Gericht gelesen und beurteilt, daraufhin erfolgt der
Spruch des Königs und der Großen, der Pfalzgraf aber bezeugt, daß der
Fall ordnungsmäßig untersucht und entschieden worden sei, und der
König erläßt nun den Befehl zur Ausführung des Richterspruchs. Zehn
Jahre darauf kommt derselbe Fall noch einmal vor das Königsgericht[1],
Bischof Beracharius tritt wieder mit einer Schenkungsurkunde auf, der
Vogt des Klosters St. Denis legt dagegen einen Befehl des Königs Chlo-
doveus II. vor, welcher die Urkunde des Bischofs außer Kraft setzen
sollte, Madroaldus erklärt, daß der Bischof den streitigen Besitz ihm ver-
kauft habe, ohne daß Zeugen dafür angeführt werden. Schließlich entscheidet das Zeugnis des Pfalzgrafen, daß vor zehn Jahren bereits die
Sache vor dem Königsgericht entschieden worden sei, derselbe verwahrt
sich auch gegen spätere Verdächtigungen oder Wiederholung des Prozesses.
Es tritt also hier das Gerichtszeugnis hinzu gegenüber dem Zeugenbeweis
nach Volksrecht.

Erinnern wir uns der Zeit der Lex Salica[2] und des Edictum Chilperici[3], so beginnt der Prozeß im Königsgericht ganz ähnlich. Die Parteien treten selbsthandelnd auf, doch erscheinen hier keine Zeugen, nur
Urkunden werden vorgezeigt, geprüft und daraufhin das Urteil gesprochen, der Pfalzgraf aber giebt ein Gerichtszeugnis ab und bestätigt
das „per ordine inquirere". Urkundenbeweis, Gerichtszeugnis und Inquisitio haben mit dem Geschäftsgange im Volksgericht keine Ähnlichkeit,
von dem Volke kann die Anregung hierzu also nicht ausgegangen sein.

---

[1] DD. I. Nr. 35. Diese Urkunde ist in den Diplomata unter dem Jahre 658 angeführt, die Urkunden DD. I. Nr. 34, 35 enthalten nun dieselben Namen, Ermelinus und
seinen Bruder Chaliberctus, den Pfalzgraf Chaldeloaldus; in beiden Urkunden ist der
Ankläger der Vogt des Klosters St. Denis, in der ersten Urkunde ist der Angeklagte ein
Bischof, dessen Namen vernichtet ist, in der zweiten Urkunde ein Bischof Beracharius. Das Dorf Tauricciaco, um welches es sich unter anderem handelt, kommt in
beiden Urkunden vor, $2/3$ des Besitzes werden dem Kloster St. Denis in der ersten
Urkunde zugesprochen, in der zweiten Urkunde bezeugt der Pfalzgraf Chaldeloadus,
daß er vor zehn Jahren den Bischof Beracharius und das Kloster in den Besitz von
Dörfern, worunter auch Tauricciaco, eingewiesen hat. Da Bischof Beracharius in-
zwischen die ganzen Besitzungen an Madroald verkauft hat (nach dessen eigener
Aussage), so muß der Bischof mit Halmwurf versprechen, $2/3$ des Wertes dem Kloster
St. Denis zurückzuerstatten, der Pfalzgraf aber verwahrt sich dann ausdrücklich
gegen eine nochmalige Inanspruchnahme. Wir glauben deshalb, die Urkunde DD. I.
Nr. 35, welche kein Datum trägt, um zehn Jahre später datieren und in Zusammen-
hang mit der Urkunde Nr. 34 bringen zu können. Derselbe Fall scheint dann das
Königsgericht noch einmal in der sehr verstümmelten Urkunde DD. I. Nr. 36 be-
schäftigt zu haben.

[2] L. Sal. 56.   [3] Ed. Chilp. c. 7.

Der Vorsitz und der Ausführungsbefehl des Königs entsprechen ganz der Stellung desselben im Concilium und der Heeresversammlung, die Ausbildung der Geschäftsform selbst müssen wir dem Einfluß der geschäftlichen Entwickelung des Königsgerichts zuweisen. Diese drei Faktoren des Königsgerichts, gegenüber dem Volksgericht, liegen aber nicht abgeschlossen vor uns, sie zeigen vielmehr eine reiche Entwickelung, die wir an der Hand von Placita-Urkunden verfolgen können. Besonders reich ist der Urkundenbeweis entwickelt. Die Privaturkunde genügt allein um einen Prozeß im Königsgericht zu entscheiden.[1] Sogar in Abwesenheit des Angeklagten wird ein Urteil auf Grund von gleichlautenden Urkunden, welche vor dem Bischof von beiden Parteien ausgestellt worden waren, gefällt.[2] In einem Prozeß sollte die eine Partei die Ansprüche auf ein Gut durch eine Urkunde nachweisen.[3] Da dies nicht möglich war, mußte das Besitztum herausgegeben werden. In einem anderen Placitum beruft sich der Angeklagte auf eine Urkunde[4], und er wird deshalb verurteilt, dieselbe nach 40 Nächten im Königsgericht vorzuzeigen. In einem dritten Falle[5] konnte bei einer Klage um Grundbesitz eine Urkunde nicht vorgebracht werden, es mußte deshalb der Angeklagte den 31jährigen Besitz des Gutes mit sechs Eideshelfern beschwören.

Unter den Karolingern finden wir ein Zurückgehen zu der volksrechtlichen Auffassung der Privaturkunde. Unter dem Majordomus Karl rechtfertigt sich die angeklagte Partei durch eine Urkunde.[6] Nach Prüfung derselben wird aber der Kläger gefragt, ob er etwas gegen diese Urkunde einzuwenden habe. Damit ist die Scheltung der Urkunde als möglich angenommen und vielleicht auch deshalb angegeben, daß dieselbe von Zeugen unterschrieben war. Ebenso wird unter Pippin als Majordomus eine Urkunde[7] von der klagenden Partei als richtig anerkannt und daraufhin auf die Klage verzichtet. Hierauf ergeht das Urteil. In einem zweiten Falle[8] legen beide Parteien Urkunden vor, Pippin entscheidet sich für die eine Urkunde, die dann auch von der beklagten Partei als richtig anerkannt wird. Auch damit ist die Möglichkeit gegeben, die Richtigkeit der Urkunde anzufechten und so die Prüfung der Urkunde nicht allein in die Hände des Gerichts des Majordomus gelegt, wie dies ausnahmslos bei den Merowingern der Fall war.

Anders lautet ein Entscheid König Karls vom J. 775[9]. Bischof

---

[1] DD. I. Nr. 83, a. 716. Cod. Lauresh. 1, 9.

[2] DD. I. Nr. 60, a. 692. [3] DD. I. Nr. 70, a. 697.

[4] DD. I. Nr. 59, a. 691. [5] DD. I. Nr. 49, a. 679.

[6] DD. 1. 2. Abt. Nr. 10, a. 719. [7] DD. I. 2. Abt. Nr. 18, a. 747.

[8] DD. 1. 2. Abt. Nr. 22, a. 750. [9] Bouquet 5, 734, a. 775.

Herchenrad von Paris und Abt Fulrad von St. Denis stritten um ein Kloster. Beide beriefen sich auf Schenkungsurkunden, die sie vor Gericht vorzeigten. Beide Urkunden erwiesen sich als echt, und es erging deshalb mit Übereinstimmung beider Parteien das Urteil, daß ein Gottesgericht entscheiden sollte. Zwei Männer traten in der königlichen Kapelle vor das Kreuz Christi, und als der Vertreter des Bischofs zuerst zu zittern begann, erklärte Herchenrad vor Gericht, daß Gott gegen ihn entschieden habe, worauf das Gericht ein in diesem Sinne lautendes Urteil abgab.

Auch die Königsurkunde beharrt nicht in ihrer starren Unscheltbarkeit, sondern wird am Königshofe selbst in freierer Weise behandelt. Zunächst dient die Königsurkunde einfach als Grundlage für das Urteil des Königsgerichts, wie denn auch die Karolinger die Urkunden des Merowingischen Königshauses als vollgültige Beweismittel anerkennen.

Die Königsurkunde von Chlodovech, Childerich, Theuderich und Chlothar reichte hin[1], um gegen die Beamten des Majordomus Grimoald unter dessen eigener Beistimmung über den Marktzoll des Klosters St. Denis in Paris im Jahre 710 zu entscheiden. Im Jahre 753[2] kommt dieselbe Klage noch einmal vor König Pippin, auch er erkennt die Urkunden der Merowingischen Könige und das vor 43 Jahren vor Childerich III. und seinem Onkel, dem Majordomus erstrittene Urteil an, dem sich der Graf von Paris fügt. König Karl d. Gr.[3] erläßt bei einer erneuten Klage des Klosters St. Denis einen einfachen Befehl, ohne daß ein Königsgericht erwähnt wird.

Unter König Pippin erfolgt das Urteil des Königsgerichts auf eine Privaturkunde hin[4], welche von König Chilperich II. bestätigt worden ist.

König Karlmann läßt den Besitz einer Waldung[5] auf Grund von Königsurkunden durch Zeugen bekräftigen, auch ohne daß ein gerichtliches Urteil erwähnt wird. Daß König Karl d. Gr. eine Schenkung des Königs der Langobarden Adelchis nicht anerkennt[6], wird durch ein besonderes Urteil des Königsgerichts begründet, und Karl schenkt dann freiwillig den streitigen Besitz. Doch zeigen drei bemerkenswerte Ausnahmen, dass die Karolinger sich nicht streng an die Merowingischen Königsurkunden gebunden hielten.

In einem Placitum vom Jahre 663[7] wird der Angeklagte abgewiesen, trotzdem er eine Königsurkunde beibringt, weil ihr Inhalt als ungenügend sich herausstellt, den Kläger abzuweisen, und dieser eine Urkunde vor-

---

[1] DD. I. Nr. 77, a. 710.   [2] Bouquet 5, 699.
[3] Bouquet 5, 729.   [4] Bouquet 5, 697, a. 752.
[5] Martene Coll. 1, 32, a. 770.   [6] Sickel, Beitr. V, Wiener S. B. 49, 394, a. 781.
[7] DD. I. Nr. 41, a. 663.

zeigt, durch welche der Besitz des streitigen Grundstückes bereits einmal bekräftigt wurde.

Im Jahre 749[1] traten der Abt Fulrad und der Abt Hormung vor dem Königsgericht sich gegenüber. Childebert II. und Chlothar II. hatten nämlich ein Bethaus durch eigenhändig unterschriebene Urkunden an St. Denis geschenkt, ein späterer Abt hatte von König Dagobert I. darüber eine Entscheidung erhalten. Auch der Abt Hormung zeigt eine Urkunde über den Besitz des Bethauses vor, welche von König Chlothar bestätigt worden war. Es wird darauf eine Untersuchung angestellt und der Abt Hormung abgewiesen, der nach diesem Entscheid auf seine Ansprüche verzichtet. Childebert II. war von austrasischen Großen im Alter von 5 Jahren zum König erhoben. Dagobert wurde von seinem Vater Chlothar in Austrasien eingesetzt und ihm die Stammväter der Karolinger zur Seite gegeben, deren Urkunden gingen hier einer Bestätigungsurkunde Chlothars vor. Der vorgenannte Chlothar kann entweder Chlothar II. sein, der Austrasien ferner stand, oder Chlothar III., der gänzlich vom Majordomus Ebroin beeinflußt wurde. Im Anfang der Merowingerzeit war eine Königsurkunde noch unscheltbar nach dem zweiten Teil der Lex Ribuaria[2], und wenn zwei Königsurkunden sich gegenüberstanden, fand eine Teilung des Streitobjektes statt.[3]

Im Jahre 759[4] erschienen die Vögte des Klosters St. Denis vor König Pippin und verklagten den Grafen Gerard, weil er in Paris einen Zoll erhebe, der dem Kloster zukomme. Der Graf erklärte, er erhebe den Zoll, weil dies auch von seinen Vorgängern geschehen sei. Die Vögte jedoch legten eine Urkunde König Dagoberts vor, und Pippin bezeugte selbst, ihm sei aus seiner Kindheit bekannt, daß der Zoll dem Kloster gehöre. Der Graf beruhigte sich aber dabei nicht, es erging vielmehr das Urteil, daß in einem zweiten Placitum der Prozeß nach dem Gesetz entschieden werden sollte. Darauf bewiesen dann die Vögte des Klosters ihr Recht durch Zeugen, und der Zoll wurde nun dem Kloster zugesprochen. Dies ist der Fall, wo gegen eine Königsurkunde Zeugen vorgeführt werden. Nach dem Placitum Pippins vom Jahre 753 kann sich die angefochtene Urkunde nur auf Dagebert I. beziehen, der in Paris unter dem Einfluß neustrischer Großen Pippin aus seiner Nähe entfernte. Eine Urkunde dieses Königs durfte darum den Karolingern von geringerem Werte sein.

---

[1] DD. I. 2. Abt. Nr. 21.

[2] Lex Rib. 60, 6: quod si testamentum regis absque contrario testamento falsum clamaverit, non aliud nisi de vita componat.

[3] Lex Rib. 60, 7: quod si duo testamenta regum de una re exstiterint, semper prior duplicem sortiatur portionem. [4] Bouquet 5, 703.

Die Urkunden des eigenen Hauses erschienen in dem Königsgericht
der Karolinger ohne weiteres als rechtskräftig.[1] Jedoch ist uns ein
merkwürdiges Beispiel erhalten, wie Karl d. Gr. die von ihm selbst ausgestellten Urkunden behandelte.

Im Jahre 797[2] bittet Abt Asoarius Karl d. Gr. um einige Güter,
die, obschon er von seiner Mutter und Großmutter her einen rechtmäßigen
Anspruch darauf hätte, ihm wegen Untreue seiner Verwandten unrechtmäßig entzogen worden wären. Karl gestand dies zu und erteilte darüber eine Urkunde. Nach einiger Zeit wies Bischof Odilhard mit Zeugen
nach, daß die Besitzungen dem König rechtmäßig zuständen. Sie wurden
darauf dem Abt gerichtlich abgesprochen, und gab er sie zugleich mit
den erhaltenen Königsurkunden zurück. Von diesen Besitzungen schenkt
der König eine durch Urkunde dem Kloster des Abtes, die andere über-
läßt er dem Abt selbst, da Zeugen bestätigten, daß sie dessen Großmutter
gehört hatte. Nach einigen Jahren entstand ein Streit zwischen Abt
Asoarius und dem königlichen Grafen über die dem ersteren überlassene
Besitzung, und vor König Karl wurde durch Zeugen und Urkunde festgestellt, daß die Großmutter des Asoarius dem König Pippin das Gut
übergeben hatte, somit auch dieses rechtmäßiges Eigentum König
Karls war. Karl schenkte darauf durch Urkunde beide Besitzungen dem
Kloster des Abtes Asoarius, nachdem er also wiederholt seine eigenen
Urkunden selbst aufgehoben hatte. Diese ausgedehnte Anwendung des
Urkundenbeweises, besonders aber die freie Behandlung der Königsurkunde, beschränkte sich auf das Königsgericht. Man suchte in dieser
ganzen Periode das Königsgericht auf, um eine unscheltbare Königsurkunde zu erlangen, wie wir aus dem Scheinprozeß und dem Indiculus
regalis ersehen. In dem Grafengericht musste demnach nur die Königsurkunde einen unbestreitbaren Rechtstitel sichern.

Im Jahre 692[3] tritt der Abt Chaino von St. Denis gegen Agantrude,
die Witwe des Ingebereth auf. Ingebereth hatte durch Schenkungsurkunde ein Gut dem Kloster vermacht, das Kloster dafür seiner Witwe
eine Precarie ausgestellt. Die Urkunden werden vor dem Königsgericht
vorgezeigt und geprüft, die Witwe erklärt sich vollständig einverstanden
mit diesen Abmachungen und das Königsgericht erklärt dieselben nun
als unanfechtbar.

Aus der Zeit, die vor dem Ausstellungsjahre dieser Urkunde liegt,
sind uns acht Placita erhalten. Hat man diese vorher gelesen, so fragt
man sich unwillkürlich, worüber diese Leute eigentlich streiten, da beide

---

[1] DD. I. 2. Abt. Nr. 16, a. 746; Dronke, Cod. dipl. Fuldens. 26.
[2] Mittelrh. U. B. 1, 41, a. 797.   [3] DD. I., Nr. 64, a. 692.

Parteien vollständig einig sind. Es ist ein Scheinprozeß[1], der vorgenommen wurde, um über eine Schenkung eine Königsurkunde zu erhalten, wobei dann in den meisten Fällen das „malo ordine retinere" den Unterschied einer wirklichen Klage kennzeichnet. Solcher Scheinprozesse sind uns aus der Merowingerzeit sieben erhalten, wozu noch eine Formel[2] kommt.

Von diesen Scheinprozessen ist ein Placitum Childebert III.[3] vom Jahre 710 wichtig für den Zeitpunkt, bis zu welchem eine Merowingische Königsurkunde den Vorzug vor der Urkunde eines Karolingischen Majordomus hatte. Die Vertreter des Abtes von St. Denis hatten wegen einer Mühle in dem Gericht des Majordomus Grimoald geklagt und die Zugehörigkeit der Mühle zum Kloster durch zwölf Zeugen bewiesen. Die Mühle wurde infolgedessen dem Kloster gerichtlich zugesprochen und Grimoald stellte hierüber eine mit seinem Siegel versehene Urkunde aus. Diese wurde von den Vertretern des Klosters vor das Königsgericht gebracht und gerichtlich bestätigt. Hieraus ergiebt sich, daß im Jahre 710 die Urkunden des Majordomus noch nicht für gleichberechtigt mit den Königsurkunden angesehen wurden.

Auch für die Karolingische Zeit[4] glauben wir einen solchen Scheinprozeß nachweisen zu können. Im Jahre 781[5] erscheint der Vogt des Klosters St. Denis vor Karl und erklärt, daß er vor dem Gericht des Grafen Riferus einige Leute wegen eines Gutes verklagt habe, das Gut sei dem Kloster zugesprochen, und darüber eine Gerichtsurkunde ausgestellt worden. Diese Urkunde legte der Klostervogt dem Königsgericht vor, welches sie durch ein gerichtliches Urteil bestätigte.

Die Königsurkunde war auch in Italien von besonderem Werte, denn als Karl d. Gr.[6] im Jahre 795 dem Papst Leo die Entscheidung in einem Diöcesanstreite übertragen hatte, ließ sich Bischof Aribert die Entscheidung des Papstes noch durch den König bestätigen. Durch eine Königsurkunde wurden auch gerichtliche Akte des Volksgerichts ergänzt, indem der König durch einen Iudiculus regalis de judicio evindicato sich mit dem Grafen in Verbindung setzte, sodaß derselbe auf Grund der

---

[1] Vgl. Brunner: Das Gerichtszeugnis und die fränkische Königsurkunde, Festgaben für Heffter, Berlin 1873, ad V: Der Scheinprozeß im Königsgericht.
[2] DD. I. Nr. 64, 68, 73, 76, 78, 79, 94. Rozière I, 342, Nr. 284.
[3] DD. I. Nr. 78, a. 710.
[4] Brunner l. c. führt für die Karolingische Zeit nur die Formel Lindenbrog Nr. 171 (Roz. 284) an. Bei einem indiculus regalis kann das fehlende testimonium des Pfalzgrafen für die Karolingische Zeit allein nicht entscheiden.
[5] Bouquet 5, 746.
[6] Ughelli, Italia sacra 1, 412.

Königsurkunde ohne weiteres Urteil zur gerichtlichen Exekution schreiten konnte.

In einem Placitum vor Chlodovech III. vom Jahre 691[1] verklagt Chrotchar einen Chuneberct, daß er Besitzungen unrechtmäßig ihm vorenthalte. Chuneberct beruft sich auf eine Urkunde, in welcher Chrotchar seinen Ansprüchen entsagt hatte. Es ergeht nun das Urteil, Chuneberct soll in 40 Nächten im Königsgericht die Urkunde vorzeigen oder sich dem Urteil nach Volksrecht unterwerfen. Es erfolgte hier ein doppelzüngiges Urteil, und wurde somit ein zweites Urteil im Königsgericht für den Fall die Urkunde nicht aufzutreiben war, vermieden, da dann der Graf zur Vollstreckung des Urteils ermächtigt wurde.

Im Jahre 692[2] erschienen die Vertreter des Klosters St. Denis vor Chlodovech III. und erklärten, der Abt Ermenoald sei vor einigen Jahren wegen Lieferung von Öl und Wein an den Erzbischof Anseberth Bürge geworden. Ermenoald hatte Ersatz versprochen, dies aber nicht gehalten, und vor dem Bischof Siegfrid von Paris war deshalb im geistlichen Schiedsgericht[3] ein Entscheid getroffen, worüber gleichlautende Urkunden ausgestellt waren. Darauf kam, wie dies ausbedungen worden, da Ermenoald seine Versprechungen nicht erfüllt hatte, die Sache vor den König. Ermenoald erschien auch nicht vor dem Königsgericht, und es erfolgte nun in contumaciam das Urteil, daß der Graf die Schuld nach Volksrecht eintreiben sollte auf Grund der Königsurkunde, die unscheltbar war. Solche Entscheidungen ergingen jedenfalls damals öfter im Königsgericht, denn Marculf hat uns eine Formel[4] dafür erhalten, welche andere Fälle berücksichtigt. In dem oben erwähnten Placitum vom Jahre 692[5] tritt uns zuerst das Gerichtszeugnis entgegen, da hier der Pfalzgraf bezeugt, daß der Kläger den Beklagten den Gesetzen gemäß

[1] DD. I. Nr. 59. Das „Quod lex loci de causa edocit" tritt allerdings nur bedingungsweise ein, doch deutet das doppelzüngige Urteil darauf hin, daß hier eine Placita-Urkunde im Sinne eines indiculus regalis de justicio evindicato ausgestellt wurde.

[2] DD. I. Nr. 60.

[3] Dieser Prozeß hat mehrfache Beachtung gefunden, und kann als Maßstab dienen, wie sehr die neueren Forschungen zur Aufklärung über das Königsgericht beigetragen haben. Bethmann-Hollweg, Germ.-rom. Civilprozeß, 1868, Beilage V, giebt eine Übersetzung und Erläuterung dieses Prozesses, er nimmt S. 559, Note 8 an, daß Bischof Siegfrid als weltlicher Richter entschieden hat. Sohm, Zeitschr. f. Kirchenrecht IX. 200 fg., hebt hervor, daß Bischof Siegfrid ein geistliches Schiedsgericht abgehalten habe, und Löning, Deutsches Kirchenrecht II, 513 tritt dem bei.

[4] Rozière II. Nr. 444 (Marculf I, 37): ... jubemus, ut quicquid lex loci vestri de tale causa edocet, vobis distringentibus, ante dictus ille partibus illius conponere et satisfacere non recusit ...

[5] DD. I. Nr. 60. Vgl. auch Roz. Nr. 444 (Marculf I, 37).

drei Tage lang im Königsgericht ausgewartet hatte, bevor das Kontumacialverfahren vor dem König begann, entsprechend einer Formel aus der Merowinger Zeit. Erinnern wir uns an das siebente Kapitel des Edictum Chilperici, wo der Kläger selbst vor dem König durch drei Zeugen das Abwarten des Beklagten im Gericht bekunden muß, so erscheint das Gerichtszeugnis als eine Weiterentwickelung des Königsgerichts. Ein zweiter Fall begegnet uns im Jahre 710 in einem Placitum Childeberts III.[1] In dem schon erwähnten Streite um eine Mühle hatte der Majordomus Grimoald sechs Männer zum Schwur herangezogen und auf Grund dessen die Sache entschieden. Schon daß dieser Schwur richtig abgegeben worden, bezeugte der Majordomus Sigofridus, der die Stelle des Pfalzgrafen vertrat; als dieser Prozeß aber im Königsgericht bestätigt werden sollte, genügte auch das Zeugnis desselben Sigofridus über den Ausgang des Prozesses vor dem Majordomus Grimoald. Zum dritten Mal tritt uns dieser Fall im Jahre 781 im Gericht Karl d. Gr. entgegen.[2] Ein Prozeß um ein Grundstück war von dem Grafen Riferus und seinen Scabinen, also im Volksgericht, zu Gunsten des Klosters St. Denis entschieden worden, und die Gerichtsurkunde sollte im Scheinprozeß durch eine Königsurkunde ersetzt werden. Der Vogt des Klosters zeigte die Urkunde vor. Der Graf Riferus wurde gefragt, ob der Prozeß demgemäß verlaufen, weiter ob die Urkunde richtig wäre. Auf sein Zeugnis hin, bestätigte dann das Königsgericht das erste Urteil. Es erstreckt sich so die Anwendung des Gerichtszeugnisses über den ganzen Zeitraum und erfährt durch die Karolinger noch eine weitere Ausdehnung. Durch eine Urkunde des Jahres 751 erhält diese Ansicht eine Bestärkung.[3] Pippin sandte als Majordomus zwei Missi im Lande umher, um den Besitz des Klosters St. Denis durch Zeugen und Urkunden festzustellen und das Kloster in denselben dort, wo er dem Kloster widerrechtlich entzogen worden war, einzuweisen. Pippin bestätigte sodann den eingewiesenen Besitz auf Grund der Entscheidung der Missi. Im Jahre 775 erkennt Karl d. Gr.[4] die Untersuchung der Missi und die Einweisung des Klosters in den festgestellten Besitz an und giebt dem Kloster darüber eine Urkunde. Es wird also die Entscheidung der Missi wiederholt im Königsgericht bestätigt, und ihre Entscheidung tritt als Gerichtszeugnis auf.

Der bedeutende Einfluß der Karolinger auf das Königsgericht ergiebt sich besonders aus der Umwandlung, welche die Ausstellung der Placita-Urkunden unter ihnen erfährt.[5] Bei dem Durchlesen der Placita

---

[1] DD. I. Nr. 78.   [2] Bouquet 5, 746.
[3] D. D. I. 2. Abt. Nr. 23.   [4] Bouquet 5, 733.
[5] Brunner, Das Gerichtszeugnis und die fränkische Königsurkunde, Festgabe für Heffter, Berlin 1873, ad VII: Das testimonium comitis palatii.

der Merowinger fällt in der Disposition, welche das Urteil und den Ausführungsbefehl des Königs enthält, eine Formel auf[1], wonach der Pfalzgraf das im Königsgericht abgegebene Urteil bezeugt. Diese Formel verschwindet ganz unter den Karolingern. Einen Übergang deuten zwei
Placita des Majordomus Karlmann und Pippin[2] und zwei Placita König
Pippins[3] an, worin der Majordomus und der König, welche dem Gericht
vorsitzen, selbst den richtigen Verlauf des Prozesses angeben. Unter den
Merowingern waren Gerichtswesen und Urkundenwesen noch getrennt,
die Urkunden über die Placita wurden deshalb auch von königlichen
Referendarien ausgestellt, welche die Kanzleigeschäfte besorgten und von
denen auch die Merowingischen Placita, ebenso wie die nicht gerichtlichen
Königsurkunden rekognosciert wurden.[4] Die Referendare nahmen am
Königsgericht nicht regelmäßig teil. Bei dem Auftreten der Placita wer-
den nur sechs mit Namen aufgeführt.[5] Dieselben waren deshalb für
die Ausfertigung der Placita-Urkunde auf einen amtlichen Bericht über
den Verlauf des Prozesses angewiesen, den sie vom Pfalzgrafen erhielten.
Dieser bezeugte der Kanzlei gegenüber die Richtigkeit der Verhandlungen
im Königsgericht und übernahm damit die Verantwortung. Bei den
Karolingern fällt die Ausfertigung der königlichen Gerichtsurkunden dem
Pfalzgrafen selbst zu. Sie werden auch vom Pfalzgrafen oder seinem
Notar rekognosciert, und damit ist das besondere Zeugnis des Pfalzgrafen
unnötig geworden, da er für den ganzen Inhalt der Urkunde einstehen muß.
Einen deutlichen Beweis hierfür liefert uns schon das Jahr 750[6], ein
Wineram erscheint als Stellvertreter des Pfalzgrafen unter den Richtern
im Gericht Pippins, und er rekognosciert auch die über das Gericht aus-
gefertigte Urkunde. Dasselbe hatte er auch schon im Jahre 749[7] unter
einem Placitum gethan. Für die spätere Zeit sind für die Rekognoscierung

---

[1] Zum ersten Mal vollständig erhalten DD. I. Nr. 41, a. 663: Proinde nos
taliter una cum nostris proceribus in quantum inluster vir Audobaldus, comes palatii
nostri testimoniavit, constitit decrevisse . . .

[2] DD. I. 2. Abt. Nr. 16, a. 746 . . . visi fuimus judicasse, ut dum hanc
causem sic actam vel perpetratam cognovimus et ipsum testamentum sic veracem
invenimus . . . Nr. 18, a. 747 . . , visi fuimus judicasse . . . nos ipsa invenimus
veracia . . .

[3] Bouquet 5, 699: Et dum hac causa sic acta vel perpetrata invenimus . . .
visi fuimus judicasse. Ibid. 5, 703, a. 759. Tunc illis judicatum fuit . . . quod et
de praesenti visi sunt fecisse . . .

[4] Sybel, Hist. Zeitschr. 29, 362 (Stumpf, Merowingische Referendare).

[5] DD. I. Nr. 37, 64, 66, 70.

[6] DD. I. 2. Abt. Nr. 22 . . . Proinde nos taliter una cum fidelibus nostris . . .
et Wineram, qui in vice comete palate nostro adistare videbantur . . . Wineramnus
recognovit et subscipsit . . .

[7] DD. I. 2. Abt. Nr. 21: Wineramnus jussus recognovit.

der Placita die Notare des Pfalzgrafen vollständig nachgewiesen.[1] Nach ribuarischem Volksrecht[2] hatte der Schreiber der Gerichtsurkunde im Falle der Anfechtung die Wahrheit derselben zu erhärten und seinen Eid nötigenfalls im Zweikampf zu vertreten. Er mußte deshalb den gerichtlichen Verhandlungen beiwohnen, während nach salischem Recht die Urkunde allein durch die Zeugen bewiesen wurde und der Schreiber nur des Schreibens kundig zu sein brauchte. Nach dieser Analogie war bei den Merowingischen Königen, welche nach salischem Rechte lebten, nicht der Referendar, sondern der Pfalzgraf für die Richtigkeit des Urteils verantwortlich, während bei den Karolingern, welche nach ribuarischem Rechte lebten, auch das Gerichtsschreiberwesen unter den Pfalzgrafen gestellt wurde, gerade weil dieser nach ribuarischem Volksrecht auch dafür eintreten mußte. Haben wir, aufmerksam gemacht durch das Auftreten der Urkunde als Beweismittel und Gerichtszeugnis, einen tiefgreifenden Unterschied in dem Verfahren des Königsgerichts von dem des Volksgerichts festzustellen; so finden wir doch im Verlaufe der Verhandlung vor dem Königsgerichte die Worte inquirere und interrogare uns wiederholt entgegentreten. Schon die Arenga der Placita-Urkunden deutet auf eine veränderte Auffassung der Thätigkeit des Königs im Gericht. Chlothar III.[3] hält sich für verpflichtet nach der Strenge des Gesetzes zu untersuchen, Karlmann als Majordomus[4] spricht von sorgfältiger Prüfung, Pippin[5] von einem scharfen Erfassen der wichtigsten Momente eines Prozesses. Das klingt ganz anders als die Thätigkeit, welche Lex Salica 56 und Edictum Chilperici c. 7 dem Könige zuweisen. Wiederholt finden wir, daß die Beisitzer im Königsgericht Fragen an die Parteien richten.[6] Das kommt auch in einer Formel[7] zum Ausdruck. Es steht dies im scharfen Gegensatz zum Volksrecht, in dem die Parteien durchaus selbsthandelnd auftreten, wie dies in der Lex Salica und dem Edikt Chilperichs noch vor dem König der Fall war. Fragen von Seiten des Gerichtes an die Parteien werden fast in jeder uns erhaltenen Urkunde erwähnt, wenn auch allerdings selten die Beisitzer selbst als solche genannt sind welche die Fragen stellen, sodaß wir dies als ein charakteristisches Kennzeichen des Königsgerichts annehmen können. Ebenso häufig wird von der Untersuchung des eingeklagten Falles gesprochen. Das Zeugnis des

---

[1] Sickel, Lehre von den Urkunden der ersten Karolinger, §. 107.

[2] Lex Rib. 58, 5, 6; 59, 1, 2, 3, 5. Vergl. Ficker, Beiträge zur Urkundenlehre, Innsbruck 1877, Bd. I, §. 54.

[3] DD. I. Nr. 41, a. 663.   [4] DD. I. 2. Abt. Nr. 16, a. 746.

[5] DD. I. 2. Abt. Nr. 21, a. 749. Vergl. Roz. II. Nr. 442 (Marc. I, 25).

[6] DD. I. Nr. 41, a. 663; Nr. 73, a. 702; Nr. 94, a. 726.

[7] Roz. I. Nr. 284.

Pfalzgrafen in der Merowingischen Zeit[1] lautet sogar dahin, daß die Sache ordnungsmäßig untersucht und entschieden worden sei, sodaß das Wort inquirere ebenso regelmäßig vorkommt wie interrogare; auch das Resultat der Untersuchung wird von dem König oder den Beisitzern des Königsgerichts[2] mit invenire angegeben, wie dies besonders bei Prüfung der Urkunden üblich ist.

Im Jahre 693, unter Chlodovech III.[3], finden wir zuerst eine Vorladung vor das Königsgericht auf königlichen Befehl, nachdem bereits vorher auf solchen hin in derselben Sache Gericht abgehalten war. Es handelte sich um die Angelegenheit einer Waise; es war somit in diesem Falle das Eingreifen des Königs besonders gerechtfertigt. Jedenfalls steht diese Vorladung durch schriftlichen Befehl in direktem Gegensatz zu der Mannitio des Volksrechtes, welche noch gegen Ende des sechsten Jahrhunderts die einzige Ladung vor Gericht war. Nach dem Edictum Chilperici c. 7. macht die Bannitio sich erst im Laufe des siebenten Jahrhunderts geltend[4], und findet diese Entwickelung mit dem Ausgang der Karolinger ihren Abschluß, da dann die Bannitio allgemein die Ladung des gerichtlichen Verfahrens an Stelle der Mannitio wird. Auch diese königliche Verordnung fällt in die Zeit der Herrschaft des Arnulfingischen Hauses, und auffallend ist es, daß wir bei einem Majordomus aus diesem Hause eine noch bestimmtere Erwähnung einer gerichtlichen Ladung finden. In dem öfter erwähnten Prozeß um eine Mühle läßt der Majordomus Grimoald[5] die Parteien vor sich kommen, um die Sache genauer zu untersuchen. Auch dies ist ein Anzeichen, daß die Großen und besonders die Karolinger es waren, welche die Fortentwickelung des Königsgerichts beförderten. Doch sehen wir in dem Königsgerichte auch die Formen des Volksrechtes auftreten und zwar geschieht dies besonders häufig in den ersten Placita und nimmt gegen Ende dieses Zeitraumes allmählich ab. Ist der Prozeß beendet, so wird fast regelmäßig der erstrittene Besitz durch Gelöbnis und das Symbol des Halmwurfs[6] (per festucam) übertragen, einmal bedient der Majordomus Karlmann[7] selbst sich dieses volksrechtlichen Symbols. Unter den Karolingischen Königen ist dies ebenfalls nachzuweisen, sowohl unter Pippin[8] als Karl, wenn auch dieser Brauch immer seltener auftritt, und im Jahre

---

[1] DD. I. Nr. 41, a. 663.
[2] DD. I. Nr. 37; Nr. 41, a. 663; 2. Abt. Nr. 18, a. 747.
[3] DD. I. Nr. 66.
[4] Sohm, Die fränkische Reichs- und Gerichtsverfassung. §. 6, S. 113 fg.
[5] DD. I. Nr. 19, a. 710.   [6] DD. I. Nr. 35, a. 658.
[7] DD. 2. Abt. Nr. 16, a. 746.
[8] Bouquet 5, 697, n. 752.

772[1] schon hinzugefügt wird, „daß dies so üblich sei", was doch wohl darauf zu deuten scheint, daß der Halmwurf im Königsgericht etwas Auffallendes war. Den Zeugeneid wandte der Majordomus Grimoald im Jahre 710 als Beweismittel an[2], und das darauf gegründete Urteil wurde im Königsgericht bestätigt. Im Jahre 775 wurde von Karl d. Gr.[3] ein Urteil auf Gottesgericht erlassen; das Gottesgericht ist aber ein altes Beweismittel nach Volksrecht, wenn es auch christlichen Charakter angenommen hat, denn die Lex Salica[4] kennt den Kesselfang, die Lex Rib.[5] das Los und Feuerordal. Der Termin von 40 Nächten wird auch im Königsgericht festgehalten[6], besonders wird im Kontumacialverfahren das Warten auf das Erscheinen des Angeklagten in der Form des Volksrechtes vorgenommen[7] und alle die Ausdrücke gebraucht, die uns aus der Lex Sal. bekannt sind.

In der Anwendung der Formen des Volksrechtes zeigt sich hier aber sofort der Unterschied des Königsgerichts, denn dasselbe bewegt sich nicht in volksrechtlicher Weise fort, sondern entlehnt nur vieles zu seiner Ergänzung aus dem Volksrechte. Bezeichnend für die Vermengung der Formen des Volksrechtes und des Königsgerichts ist eine Urkunde vom Jahre 693[8]. Im Kontumacialverfahren erscheint der Sohn des Angeklagten und erhebt Einspruch gegen die Erklärung des Klägers, daß der Angeklagte bis Sonnenuntergang nicht erschienen sei. Sein Einspruch wird aber als ungerechtfertigt abgewiesen und er selbst deshalb zu einer Komposition von 15 Solidi „ex faido et fredo" verurteilt, die er mit Halmwurf zu zahlen verspricht. Darauf wartet der Kläger vorschriftsmäßig seine Gerichtszeit ab, und der Angeklagte wird in contumaciam verurteilt. Dabei werden dem Kläger zehn Solidi als faidus zugesprochen, sodaß das fredum von fünf Solidi jedenfalls dem Könige von der Komposition zufiel, also das alte Verhältnis, wie es schon Tacitus anführt, „pars mulctae regi vel civitati, pars ipsi, qui vindicatur", und wie es auch zur Zeit der Lex Salica[9] in Geltung war. Die Formeln haben wir bei diesen Erwägungen wenig herangezogen, weil die für das Königsgericht in Betracht kommenden meist aus späterer Zeit stammen.[10] Für die Merowingische

---

[1] Dronke 26, a. 772.　　[2] DD. I. Nr. 78; Roz. II, 453 (Marc. I, 39).
[3] Bouquet 5, 734.　　[4] L. Sal. 53, 56.　　[5] L. Rib. 31, 5.
[6] DD. I. Nr. 59, a. 691.　　[7] DD. I. Nr. 60, c. 692.
[8] DD. I. Nr. 66.
[9] Tacitus Germ. c. 12, L. Sal. 35, 7; 50, 4; Behrend, L. Sal. S. 101, Pactus pro tenore pacis domnorum Childeberti et Chlotharii regum Tit. 12.
[10] Die Formelsammlung des Marculf, deren erstes Buch Verhandlungen vor dem König enthält, zeigt das Königsgericht bereits ausgebildet, doch stammt diese Sammlung erst aus der zweiten Hälfte des 7. Jahrhunderts und ist veranlaßt von dem Erzbischof Landerich von Paris und nicht, wie die Aufzeichnung der Gesetzgebung

Zeit sind nur zwei Formeln[1] und der Prolog eines Placitum[2] mit Sicherheit zu bestimmen. Für die Karolingische Zeit haben wir eine Formel für ein Placitum.[3] Diese Formeln enthalten ein Kontumacialverfahren wegen eines Raubanfalles, worüber ein indiculus regalis ausgestellt wurde, einen Fall über Aufnahme eines flüchtigen Sklaven, wobei das Urteil auf einen Reinigungsschwur mit sechs Eideshelfern erging, im dritten Fall wird in contumaciam zu Gunsten des Klägers entschieden, und ist bei diesem letzteren Falle nur angegeben, daß der Angeklagte nach Volksrecht vor das Königsgericht geladen worden sei. Es läßt sich aus diesen drei Fällen entnehmen, daß noch mehr Placita-Urkunden vorhanden gewesen sind, welche zur Bekräftigung der uns erhaltenen Placita dienen könnten; der Raubanfall aber scheint anzudeuten, daß auch Kriminalfälle in unserem Sinne vor dem Königsgerichte verhandelt wurden.

Politische Verbrechen gehörten nach der Germania des Tacitus vor das Concilium. Gerade diese Seite der Rechtspflege handhabten aber die Merowingischen Könige mit großer Strenge, die Placita-Urkunden lassen uns jedoch hierfür ganz im Stich. Die Geschichtschreibung wird uns zeigen, daß die Karolinger auch in dem politischen Prozeß umgestaltend einwirkten.

Pippin von Heristall bestrafte noch im Jahre 714 die Mörder seines Sohnes Grimoald mit dem Tode.[4] Gegen Gripho, den Stiefbruder, Sohn der bayrischen Gemahlin Karl Martells Swanahilde, schreiten Karlmann und Pippin ganz selbständig ein, sie nehmen ihn gefangen[5], Pippin befreit ihn wieder[6], bekleidet ihn mit herzoglicher Würde, und fällt dann Gripho im Jahre 753 im Kampf gegen zwei seiner Grafen, ohne daß von einem Urtel des Königsgerichts die Rede ist. Aistulf, König der Langobarden, aber wird von König Pippin im Jahre 754 in Pavia eingeschlossen und wendet sich an die Großen der Franken mit der Bitte um Frieden. Durch sie und die Vermittelung des Papstes Stephan kommt auch ein Frieden mit Pippin zustande, und muß sich der Langobardenkönig der fränkischen Oberhoheit unterwerfen. Infolgedessen wird Aistulf im Jahre 756 schon als Empörer, der sein Reich und Leben verwirkt hatte, betrachtet.[7] In Pavia von Pippin eingeschlossen, verdankte er

---

von dem König, so daß diese Formelsammlung der Ausdruck einer 70jährigen Entwickelung sein kann.

[1] Roz. II. Nr. 444 (Marc. I, 37) und Nr. 463 (Marc. I, 38).
[2] Roz. II. Nr. 443 (Marc. I, 25).
[3] Roz. II. Nr. 454 (Lindenbrog Nr. 168).
[4] Cont. Fredeg. c. 104 (Bouquet II, 499).
[5] Ann. Einh. a. 741 (SS. I, 135.)
[6] Ann. Lauriss. maj. a. 748 (SS. I, 136).
[7] Ann. Mettens. a. 755 (SS. I, 333).

beides wieder der Fürbitte der fränkischen Großen. Er mußte aber für den Rechtsspruch $1/3$ des Staatsschatzes ausliefern, Geiseln stellen, Eide und Tribut leisten, und die Annales Mettenses sprechen bei dieser Gelegenheit sogar von einem Urteil der fränkischen Großen. Gegen einfache Empörung sehen wir Karl d. Gr. kurz und streng verfahren. Eine Verschwörung austrasischer Großen[1] unter dem Grafen Hardrard in den Jahren 785 und 786 wurde rasch unterdrückt, die Schuldigen wurden auf einem Reichstag zu Worms ihrer Ämter und des Augenlichtes beraubt. Im Jahre 792 erhob sich Pippin[2], der uneheliche Sohn Karls, gegen seinen Vater und dessen legitime Söhne. Karl beruft einen Reichstag nach Regensburg, und hier entschied das Königsgericht gegen Pippin und seine Anhänger auf Verlust des Lebens und Vermögens. Auf besonderen Wunsch des Königs, der seinem Sohne das Leben erhalten wissen wollte, wurde ein erneutes Urteil, das Verbannung in ein Kloster bestimmte, gefunden. Nähere Details über die Verurteilung Pippins sind uns nicht erhalten, nur daß wirklich Gericht gehalten wurde, überliefert uns Karl selbst in einer Urkunde[3]; er giebt darin an, daß sein Sohn Pippin sich mit verschiedenen Ungetreuen gegen sein Leben verschworen habe, einige seien in seiner Gegenwart überführt und durch den Richterspruch der Franken verurteilt worden, einige aber hätten sich durch ein Gottesurteil gereinigt und von diesen wird einem Grafen Theodold auf seine Bitten sein Besitztum zurückerstattet.

Wichtiger ist der unter Karl d. Gr. geführte Prozeß gegen Herzog Tassilo von Bayern.[4] Tassilo erschien im Jahre 788 auf dem Reichstag zu Ingelheim und wurde nach den Berichten in allen Formen des Königsgerichtes verurteilt. Am vollständigsten sind uns die Verhandlungen in den Annales Laurissenses majores erhalten[5], denen wir hier folgen. König Karl hatte nach Ingelheim eine Reichsversammlung berufen, dahin kam auf Befehl des Königs Tassilo mit den anderen Vasallen Karls d. Gr. Im Jahre 781 hatte das ganze bayrische Volk Karl den allgemeinen Treueid leisten müssen, und es waren viele bayrische Große direkte Vasallen Karls geworden, hatten von ihm Beneficien erhalten. Diese bayrischen Vasallen traten nun als Kläger gegen Tassilo auf und sagten aus, der Herzog habe, angereizt durch seine Gemahlin Liutberga, seinen

---

[1] Ann. Lauresh. a. 786 (SS. I, 32).   [2] Ann. Lauresh. a. 792 (SS. I, 33).
[3] Bouquet 5, 738, a. 797.
[4] Vgl. Waitz, Verf.-Gesch. III, S. 97—107 und Abel, Jahrbücher des fränkischen Reiches unter Karl d. Gr., Bd. V, S. 40—519, welche den Stoff eingehend, verfassungsgeschichtlich und historisch behandeln. Hier soll nur die formelle Seite des Königsgerichts zur Erörterung kommen.
[5] Ann. Lauriss. maj. a. 788 (SS. I, 172.)

Eid nicht gehalten, den König vielmehr hintergangen. Tassilo konnte dies nicht ableugnen, er gestand, daß er mit den Avaren in Verbindung getreten sei. Die Vasallen des Königs habe er versucht auf seine Seite zu ziehen und hätte ihnen nach dem Leben getrachtet. Seinen eigenen Vasallen habe er befohlen, daß sie mit Rückhalt ihren Schwur dem Könige abgeben sollten, während er selbst lieber alle seine Kinder verlieren und sterben wollte, als in diesem Zustand der Abhängigkeit weiter zu leben. Die Versammlung des Reichstages, Franken, Bayern, Langobarden, Sachsen aus allen Gauen des Reiches, — jedenfalls waren alle angesehenen Grafen zu dem Gericht hinzugezogen — erklärten sich von der Schuld Tassilos überzeugt und verurteilten ihn einstimmig zum Tode auf Grund seiner früheren Vergehen, besonders der Fahnenflucht, welcher er sich gegen Pippin schuldig gemacht hatte. Karl aber begnadigte Tassilo und schickte ihn auf seinen eignen Wunsch ins Kloster. Seine beiden Söhne fanden ebenfalls in einem Kloster Aufnahme. Die Gemahlin Tassilos, welche nach den Annales Nazariani[1], wahrscheinlich auf die Anklage der bayrischen Großen hin, mit ihrer Familie und ihren Schätzen aus Bayern nach Ingelheim gebracht worden war, wurde in die Verbannung geschickt. Dasselbe Schicksal traf die wenigen Bayern, welche der Feindschaft gegen Karl nicht entsagen wollten.

Dies ist der Verlauf des Prozesses nach den Annales Laurissenses majores. Im einzelnen bringen andere Annalen noch Ergänzungen und auch unwesentliche Verschiedenheiten, so die Annales Einhardi, Laureshamenses, Nazariani, Petaviani, Codex Laureshamensis. Auffallend ist allein, daß die Annales Nazariani[2] berichten, Tassilo sei von den Franken ergriffen, ohne Waffen vor den König geführt und von ihm selbst befragt und verurteilt worden. Diese Angaben widersprechen ganz den vor dem Reichstag zu Ingelheim geführten Verhandlungen, bei denen Karl sorgfältig auf die Stimmung des Volkes zu wirken suchte. Wir führen deshalb diese Nachrichten, bei dem sonst so genauen Bericht über das Schicksal der Familie des Tassilos, auf eine bayrische, dem Hause Tassilos zugethane Quelle zurück. Sonst enthalten alle Annalen wenigstens kurze Notizen über diesen Prozeß, als ein Zeichen, daß er die ganze politische Welt damals interessierte.

Die Erzählung der Laurissenses majores bewegt sich ganz in den Formen eines Königsgerichts, wie wir deren so viele auf dem Gebiete der Civiljurisdiktion kennen gelernt haben. Die Versammlung wird berufen, die Parteien erscheinen unter Königsbann geladen, die Kläger treten auf, der Angeklagte antwortet, die Richter fällen das Urteil, und der König

---

[1] Ann. Naz. cont. a. 788 (SS. I, 43).   [2] Ann. Naz. cont. a. 787 (SS. I. 787.

erläßt den Ausführungsbefehl. In der Erzählung der Laurissenses können
wir auch die einzelnen Teile einer Placitum-Urkunde nach charakteristi-
schen, technischen Ausdrücken, wie sie seit dem Auftreten der Placita-Urkunden bis zu Karl d. Gr. in Gebrauch waren, erkennen.[1] Für den Prolog ist
die Angabe der villa Ingilenheim schon leicht durch „in palatio nostro"
zu ergänzen, die Narratio aber beginnt fast ausnahmslos wie hier mit
„ibique veniens . . . sicut et caeteri", das „quod Tassilo" ist ebenfalls
bezeichnend für die Anbringung der Klage, „Quod et Tassilo denegare
non potuit" ist auch eine stehende Redensart der Narratio für den Beklagten. Für die Dispositio ist die Angabe der Richter, die Begründung
des Urteils im allgemeinen, sowie die Worte „visi sunt judicasse" ein
unfehlbares Zeugnis. Der Ausführungsbefehl des Königs ist ganz deutlich
vom Urteil getrennt, nur verbirgt sich hier das „jubemus" unter dem
„contenuit ab ipsis Dei ac suis fidelibus", was ganz zu dem vorhergehenden Verhalten Karls paßt, der auch hier der Stimmung des Volkes
Rechnung trägt. Eine Urkunde über den Prozeß in Ingelheim ist nicht erhalten, auch
keine Andeutung, daß eine solche ausgefertigt worden ist. Wenn man sich
aber etwas in die Placita-Urkunden eingelesen hat, so müssen die festen
Formen, in denen der Bericht der Laurissenses majores sich bewegt, auf-
fallen. Hat dem Bericht eine Urkunde nicht zu Grunde gelegen, so
müßte wenigstens der Pfalzgraf oder einer seiner Notare denselben auf-
gesetzt haben. Nun sind aber die Laurissenses majores offenbar von
einem Geistlichen geschrieben, soweit die Ansichten auch sonst über die
Annalen auseinander gehen mögen, dagegen war das Charakteristische
für das Auftreten der Karolinger, wie wir früher gesehen haben, die
Trennung des Gerichtswesens von der königlichen Kanzlei, worauf dann
der Pfalzgraf die Ausfertigung der Gerichtsurkunden übernahm unter
Wegfall seines Zeugnisses über die Gerichtsverhandlung der königlichen
Kanzlei gegenüber. Seitdem läßt sich nun ein Unterschied der Placita-
Urkunden, welche vom Pfalzgrafen und seinen Notaren ausgingen, und
der Diplome, welche in der königlichen Kanzlei von Geistlichen geschrieben wurden, nachweisen[2]. Die Latinität der Gerichtsurkunden ist eine
weit verderbtere, die Merowingischen Gerichtsformeln wurden sprachlich
nicht fortgebildet, sondern behielten ihre bestimmt ausgeprägte Fassung
bis in die Zeit Karl des Kahlen; für die spätere Zeit läßt sich sogar ein
eigenes Siegel für die Gerichtsurkunden nachweisen, sodaß mit der Zeit
die Trennung immer schärfer hervortritt. Für die königliche Kanzlei

---

[1] Statt vieler Beispiele verweisen wir nur auf zwei leicht zugängliche Placita-
Urkunden Karls d. Gr. Schöpflin 1, 51; Forschungen 3, 151.
[2] Sickel a. a. O. §. 108.

waren mit dem Auftreten der Karolinger die weltlichen Referendarien beseitigt worden [1] und Kanzler aus dem geistlichen Stande an ihre Stelle getreten. Eine bessere Latinität ging damit Hand in Hand. Gerade der Gegensatz läßt für Notare des Pfalzgrafen den weltlichen Stand annehmen, dem ja ihr Vorgesetzter selbst angehörte und daraus folgt indirekt, daß der Bericht der Laurissenses weder von dem Pfalzgrafen noch seinen Notaren verfaßt sein kann, sondern nach einer Vorlage gearbeitet sein wird.

Die Fortsetzung des Prozesses wird dies noch bestätigen. König Karl war von Ingelheim selbst nach Bayern gegangen und hatte dort die Grafschaftsverfassung unter fränkischen Grafen und zuverlässigen bayrischen Großen eingerichtet. Trotzdem brach im Jahre 792 noch einmal eine Empörung in Regensburg aus, wahrscheinlich um das Angilolfingische Haus wieder zu erheben. Dieselbe wurde unterdrückt, jedoch mußte die Gemahlin Karls, Fastrada, welche sich in Regensburg aufhielt, ihren Aufenthalt nach Frankfurt verlegen. Ob Tassilo seine Hand im Spiele hatte, wissen wir nicht, jedenfalls schien es wohl angemessen, den Bayern jede Hoffnung auf die Rückkehr Tassilos zu nehmen. Das Kapitular, welches über die Verhandlungen auf dem Reichstag zu Frankfurt im Jahre 794 [2] erlassen wurde, enthält deshalb in seinem dritten Kapitel ein Nachspiel des Tages von Ingelheim. Tassilo musste noch einmal sein Kloster verlassen, er erschien in der Reichsversammlung und bat um Vergebung für alles, was er gegen Pippin und später gegen Karl begangen hätte. Er entsagte allem Haß und Aufreizungen gegen Karl, gab zu dessen Gunsten in seinem und seiner Kinder Namen alle rechtmäßigen Ansprüche auf das Herzogtum Bayern ohne Widerruf auf und empfahl seine Kinder der Gnade Karls.

Hier in einem öffentlichen Aktenstücke, das Bestimmungen, welche auf dem Reichstag getroffen wurden, mitteilt, ist es nicht wunderbar, Anklänge an eine Placitum-Urkunde zu finden. Alle öffentlichen weltlichen Verhandlungen hatten den Charakter der Gerichtsverhandlungen und wurden noch von Hincmar in dem Auszug De ordine palatii des Adalhard [3] dem Pfalzgrafen zugewiesen. So wird auch die Redaktion dieses Kapitulars vom Pfalzgrafen oder einem seiner Beamten ausgegangen sein. Gerade die Benutzung der gerichtlichen Ausdrücke in freierer Weise ohne den festen Rahmen spricht für einen des Gerichtsstils Kundigen. Tassilo überträgt sein Recht und seinen Besitz Karl d. Gr. und es werden dafür die Ausdrücke „gurpivit atque projecit" gebraucht, das entspricht dem

---

[1] Sickel a. a. O. §. 27.

[2] Capitulare Francofurtence a. 794, c. 3 (LL. I, 72; Leg. Sect. II. Capitul. Tom. I. ed. Boretius. S. 74).

[3] Walter, Corp. Jur. Germ. 3, 761, c. 19, 21.

„per nostrum wadium visi sumus reddidisse et per festucam nos in omnibus exhibuisse", wie diese Ausdrücke der Majordomus Karlmann im Jahre 746[1] braucht und wie sie noch zu Zeiten Karl d. Gr. üblich waren.[2] „In postmodum omni lite calcanda, sine ulla repetitione indulsit" erinnert an das „et sit inter ipsos in postmodum ex hac re omni tempore sopita causatio";[3] „absque repetitione" und „indulgire" sind auch der Gerichtssprache eigentümlich. Eine einfache Besitzübertragung hätte durch Diplom erfolgen können, welches dann von der Kanzlei ausgegangen wäre, ein so wichtiger Akt aber vor dem Reichstag bewegte sich jedenfalls in gerichtlichen Formen, und die Aufzeichnung war dann Sache des Pfalzgrafen.

In diesem Capitular ist nun wirklich von drei Urkunden die Rede, welche über die Verhandlungen vom Jahre 794 ausgestellt waren. Davon wurde ein Exemplar in der Pfalz Frankfurt niedergelegt, ein zweites Tassilo in sein Kloster mitgegeben und das dritte in dem königlichen Archiv aufbewahrt. Hier handelte es sich um eine Verzichtleistung vor versammeltem Reichstag, wenn aber die Sache jetzt wichtig genug erschien, um sie urkundlich niederzulegen, warum sollte dasselbe nicht auch im Jahre 788 geschehen sein, wo die langen Vorverhandlungen, die feierliche Gerichtssitzung und die Wichtigkeit der Entscheidung allein die Aufzeichnung der Richter und des Urteils wünschenswert machen mußte?

Wir haben uns längere Zeit bei diesen Verhandlungen aufgehalten, weil uns hier zum erstenmal ein politischer Prozeß in der deutschen Geschichte entgegentritt, der uns durch gute Quellen so überliefert ist, daß wir von Beginn an den Verlauf verfolgen können. Es war eine Machtfrage, die zum Austrag kam, es handelte sich um die Interessen zweier Völker. Daß Bayern bei der Ausbreitung der fränkischen Macht unterliegen mußte, war nur eine Frage der Zeit, Karl d. Gr. gab den Beweggründen seines Vaters nach und schob die Entscheidung hinaus, indem er auf gütlichem Wege eine Annäherung suchte. Als aber Sachsen und Italien seiner Macht erlagen, da war auch die bayrische Frage nicht länger zu umgehen, und es ist Karls Staatsklugheit und Energie zu danken, daß dieselbe durch einen Prozeß und nicht durch einen Kampf ausgetragen werden konnte.

---

[1] DD. I. 2. Abt. Nr. 16, a. 746.
[2] Schöpflin, 1, 51, a. 778.
[3] DD. I. 2. Abt. Nr. 21, a. 749, vgl. Schöpflin 1, 51, a. 773.
[4] DD. I. Nr. 64, a. 692, Nr. 70, a. 697.

Drittes Kapitel.

Resultate.

I. Während eines Zeitraums von 74 Jahren können wir den Einfluß der Großen in immer steigendem Maße verfolgen. In der zweiten Hälfte des 7. Jahrhunderts treffen wir auf Urkunden, welche uns ein Königsgericht mit geistlichen und weltlichen Beisitzern, unter Vorsitz des Königs, kennen lehren, während bis zum Jahre 584, dem Regierungsantritt Chlothar II., weder in Geschichtsschreibung noch Gesetzgebung ein solcher Einfluß der Großen nachzuweisen ist. Eine Reihe unmündiger Herrscher, der Einfluß der Kirche, die Kämpfe der Großen des Reiches und die mächtige Stellung des Majordomus beschränkten die volle Machtentfaltung der Könige, sodaß in der Gesetzgebung und in den Diplomen mehr und mehr die geistlichen und weltlichen Großen hervortreten, die sich in ihrem Anhange eine Stütze gegen das Königtum schufen. Der König büßte dadurch auch seine absolute Gerichtsbarkeit ein und wurde zum Vorsitzenden eines Gerichts seiner Großen. Die Karolinger waren gezwungen, an den weltlichen und besonders den geistlichen Großen des Reiches eine Anlehnung zu suchen, um sich des Königtums zu bemächtigen, sie knüpften deshalb an die gegebenen Verhältnisse an und trugen zur Ausbildung des Königsgerichts bei, das ihnen selbst zum Schutze gereichte, und die Großen gewann bis ihre Macht genügend befestigt war. Die uns erhaltenen Placita-Urkunden entsprechen dieser Entwickelung, das Königsgericht sehen wir dem Einfluß der Großen nachgeben und mit der Befestigung der königlichen Macht die Beteiligung der Großen einschränken, sodaß die Einrichtung desselben in der Hand des Königs und des Majordomus gelegen haben muß. Wir folgern daraus, daß man erst seit dieser Zeit von einem Königsgericht im eigentlichen Sinn sprechen darf und nicht berechtigt ist, die aus dem Placita-Urkunden gewonnenen Resultate auf eine weiter zurückliegende Zeit zu übertragen. Die Könige haben nicht freiwillig ihre absolute Machtvollkommenheit aufgegeben, sondern die geschichtliche Entwickelung führte zu einer Beschränkung des königlichen Richteramtes. Die Könige und die Großen des Reiches sind auch nicht einem Druck von unten gefolgt, sondern das Volk trat immer mehr zurück. Die Macht der fränkischen Großen wuchs dem König gegenüber, an deren Spitze stellten sich die mächtigsten Geschlechter und nahmen als Majoresdomus die Regierung des Landes in ihre Hand. In dem Kampf um die oberste

Gewalt zwischen König und Fürsten gewann das mächtig aufstrebende Geschlecht der Karolinger die Oberhand, und auch diese Thatsache kommt in den Placita-Urkunden zum Ausdruck.

II. Es richtet sich dieser Einfluß zunächst nur auf die Civilgerichtsbarkeit, also gegen die eine Seite der Gerichtshoheit; Kriminalfälle und besonders politische Verbrechen bleiben nach den Quellen während des wilden Parteitreibens noch in der Hand dessen, der die Zügel der Regierung führte, des Königs oder seines Majordomus, also gerade die Gerichtsbarkeit, welche einst Concilium und Heeresversammlung vorzugsweise ausübten. Gerade dieser Umstand spricht für eine allmähliche Entwicklung der Verhältnisse. Wenn die Könige gezwungen wurden, auf ihre absolute Gerichtshoheit zu verzichten, so konnten sie sehr wohl erst einen Teil derselben, die Civilgerichtsbarkeit, preisgeben, wodurch die Großen schon eine bedeutende Garantie für ihren materiellen Besitz erhielten. Es vergeht mehr als ein Jahrhundert, ehe wir auch auf politischem Gebiet ein förmliches Königsgericht nachweisen können, denn für den König konnte es nicht zweifelhaft sein, auf welchem Punkte er zuerst nachzugeben hatte.

III. Urteilen wir zunächst nach der Zahl der Placita-Urkunden, welche uns über ein förmlich stattgehabtes Königsgericht erhalten sind, so sehen wir eine verhältnismäßige Abnahme derselben, sodaß die Folgerungen, welche wir aus diesen Urkunden ziehen, sich wesentlich auf die Zeit des Niederganges der Merowinger stützen. Da uns gerade mit dem Auftreten der Placita-Urkunden eine größere Anzahl derselben erhalten ist, so schließen wir daraus, daß auch eine größere Zahl vorhanden gewesen sein muß, und dies beweist, daß diese Art der Rechtsprechung am Königshof etwas Neues war, dessen Vorzüge man sich zu sichern suchte.

IV. Die Angaben über die Beisitzer im Königsgericht sind am ausgiebigsten in den ersten Merowinger-Urkunden und werden gegen das Ende derselben immer spärlicher, in zweiter Linie stehen die Angaben in den Placita der Majordomus, in dritter Linie diejenigen in den Placita aus der Königsherrschaft Karl d. Gr. In gleichem Maße sehen wir die Zahl der Placita überhaupt abnehmen im Verhältnis zu den andern uns erhaltenen Urkunden. In den Beisitzern am Königsgericht erkennen wir auch die ordnende Hand der Karolinger. In den ersten Placita-Urkunden der Merowinger fanden wir ein buntes Gemisch von Hofbeamten, bei König Karl d. Gr. werden außer den Bischöfen nur Regierungsbeamte genannt, nämlich Herzöge, Grafen und einmal die Scabinen, die jetzt von den königlichen Beamten, den Grafen, auf Lebenszeit zu Richtern erwählt wurden. Auch durch diese Verhältnisse werden wir darauf hingeführt, daß das Königsgericht in der zweiten Hälfte des 7. Jahrhunderts etwas Neues war, wobei man nach festen Formen suchte, die erst unter den Karolingern gefunden wurden.

V. Als Beweismittel hat in der ganzen Periode die Urkunde gegolten. Die Privaturkunde läßt unter den Karolingern eine Rückkehr zur volksrechtlichen Auffassung erkennen, während die Königsurkunde nicht mehr dieselbe strenge Beweiskraft bewahrte, wie in den Placita der Merowinger. Die Verhandlungen aus den Jahren 759 und 797 vor König Pippin und Karl d. Gr. zeigten eine sehr freie Behandlung der Königsurkunde, Pippin gestattete die Vorführung von Zeugen gegen eine Königsurkunde, Karl läßt gerichtlich zwei Entscheidungen aufheben, welche durch Königsurkunden bekräftigt waren, da sich die Voraussetzungen als unrichtig ergeben hatten. Diese beiden Fälle beweisen eine bedeutende Fortentwicklung gegenüber den strengen Bestimmungen der Lex Ribuaria im 7. Jahrhundert, welche den Karolingern zuzuschreiben ist.

VI. Die königliche Gerichtsurkunde hat ihre ursprüngliche Bedeutung verändert. Die Arnulfinger waren hierbei besonders thätig, denn schon der Majordomus Karl stellte im Jahre 710 solche Urkunden aus, ebenso Karlmann im Jahre 746, und von Pippin als Majordomus sind bereits vier Gerichtsurkunden erhalten. Es zeigt sich darin der wachsende Einfluß der Arnulfinger, denn noch im Jahre 710 wurde eine Gerichtsurkunde des Majordomus Grimoald im Königsgericht bestätigt; parallel damit geht, daß mit dem Majordomus Karl die Zeugen unter den übrigen Urkunden verschwinden, während die früheren Urkunden wie Privaturkunden Zeugenunterschriften trugen, soweit die Beglaubigung derselben erhalten ist.

VII. Die Arnulfinger lebten nach ribuarischem Recht, da sie aus Austrasien stammten, und sobald sie zur Herrschaft kamen, haben sie auch den ribuarischen Gebrauch auf die Ausfertigung der königlichen Gerichtsurkunden übertragen, indem dieselbe von der königlichen Kanzlei auf die Kanzlei des Pfalzgrafen überging. Dies ist ein neuer Beweis dafür, daß die Karolinger rasch und selbständig in der Umwandlung des Gerichtswesens vorgegangen sind.

VIII. Der erste Fall des Gerichtszeugnisses fällt unter Chodevech III., also nach der Schlacht bei Testri, der erste Gerichtszeuge ist der Pfalzgraf. Der Gerichtszeuge im zweiten Falle ein Mann, der bei dem Majordomus die Stelle des Pfalzgrafen einnahm. Erst unter Karl d. Gr. tritt ein Graf auf. Da wir nun entsprechend dem ribuarischen Recht das Gerichtsschreiberwesen am königlichen Hof unter den Karolingern in die Hände des Pfalzgrafen übergehen sahen, so schließen wir daraus, daß auch das Gerichtszeugnis an das ribuarische Recht angeknüpft hat und so dem Arnulfingischen Hause zuzuschreiben ist.

IX. Der volksrechtliche Prozeß bewegt sich zwischen den Parteien in den strengsten Formen. Im Königsgericht tragen sie gewöhnlich dem König ihre Klage vor mit „clemenciae regui nostri suggessit", seltener kommt ein „interpellare" oder „repetire" dem Angeklagten gegenüber vor. In der Untersuchung hat das Königsgericht den freiesten Spielraum, König und Beisitzer richten Fragen an die Parteien, Urkunden werden geprüft. Nie ist die Rede von einem zweizüngigen Urteil, welches im Volksgericht dem Beweis vorhergeht, nur einmal kam überhaupt ein zweizüngiges Endurteil vor, welches durch indiculus regalis die Sache an das Volksgericht verwies. Nie ist die Rede von einem Verlangen der Parteien an den Richter zu sagen was Rechtens sei, sondern, wenn der König und seine Richter den Beweis für erbracht halten, so geben sie selbst das Endurteil ab. Eine große Zahl von Beweismitteln ist in Gebrauch; Zeugen, Privat- und Gerichtsurkunden, einzelne Personen werden zum Schwur herangezogen, ein Gottesgericht muß entscheiden, einmal erscheint sogar der Graf mit 44 Scabinen; doch bewegt sich die Wahl der Beweismittel nie in bestimmten Formen. Wir sehen nicht die geringste Gefahr, der die Parteien sich bei ihren Aussagen aussetzen, Urkunden werden anerkannt, nicht anerkannt, bald tritt das Gerichtszeugnis ein, bald werden Vertrauensmänner (boni, veraces, magnifici viri) gewählt, schließlich wird das Urteil abgegeben und dabei besonders aufgezählt, welche Gründe dasselbe bestimmt haben. Alle Formen des Volksrechts kommen auch im Königsgericht vor, doch so, daß das Maß, in dem das Volksrecht zur Geltung kommen soll, von dem Belieben des Richters abhängt; besonders in den ersten Placita-Urkunden tritt das Volksrecht in den Vordergrund und verschwindet dann mehr und mehr. Auch dies ist ein Zeichen, daß das Königsgericht bei seinem Auftreten eine Neuerung war, welche sich erst allmählich Bahn brach und deshalb an die gegebenen Formen des Volksrechts anknüpfte.

X. Wir finden im Königsgericht jus aequum gegenüber dem jus strictum des Volksrechts, jus honorarium oder Amtsrecht gegenüber dem jus civile oder Volksrecht, Untersuchungs- oder Inquisitionsverfahren gegenüber dem Verhandlungsprinzip des Volksrechts. Es tritt dieser Unterschied sofort zu Tage mit dem ersten Placitum vom Jahre 658, doch kommen die volksrechtlichen Formen im Beginn häufiger vor. Eine so freie Behandlung des Volksrechts kann aber nicht aus dem Volksrecht selbst hervorgehen, das nur allmählich dem königlichen Einfluß nachgab, wie sich dies am besten an der Lex Ribuaria verfolgen läßt; sie kann vielmehr nur dem absoluten Königtum entspringen, das sich bei der Reichsgründung der Merowinger in Anlehnung und Nachahmung römischer Verhältnisse hervorgebildet hat. Dadurch hat das Amtsrecht

4*

einen bedeutenden Vorsprung vor dem Volksrecht gewonnen, und dieser
absoluten Gerichtsbarkeit der Merowingischen Könige wird erst durch
die Großen des Reiches eine Schranke in dem Königsgericht gesetzt. Das
Vorbild für ein freieres Verfahren hatte sich im geistlichen Gericht erhalten, und die Karolinger übernahmen den weiteren Ausbau des be-
gonnenen Werkes, als sie an die Spitze der Großen des Reiches getreten
waren.

XI. Die Placita-Urkunden geben uns nur Aufschluß über die Civiljurisdiktion, denn besonders bei Entscheidungen über Grundbesitz mußte
es von Wichtigkeit sein, das Urteil des Königsgerichts aufzubewahren.
Bei der materiellen Richtung der Zeit, wie sie Gregor von Tours uns
schildert, konnten sich leicht die Großen des Reiches mit diesem ersten
Erfolg, der ihr Besitztum vor Willkür schützte, begnügen. Über Kriminaljurisdiktion besitzen wir in den Urkunden keine Angaben, wir finden
nur in einer Formel, welche einen Raubanfall bespricht, einen Anhalt.
Da wir in dieser Zeit überhaupt eine Trennung von Civil- und Kriminaljurisdiktion nicht festhalten können, so müssen wir nach Analogie der
erwähnten Formel annehmen, daß in Kriminalfällen die Verhandlung
vor dem Königsgericht ähnlich gewesen ist. War der Fall entschieden,
die Strafe verbüßt, so verlor der Prozeß an Interesse und damit auch
die Urkunden. Jedoch mußten auch über Kriminalfälle Urkunden ausgestellt werden; denn da im Königsgericht nach Amtsrecht entschieden
wurde, so wird es in den meisten Fällen an Zeugen gefehlt haben, welche
die Entscheidung des Königsgerichts auf weitere Entfernung hin bekun-
deten, während eine unscheltbare Königsurkunde diese Aufgabe sehr gut
übernehmen konnte.

Anders verhält es sich mit politischen Verbrechen, die wir von
Kriminalfällen trennen müssen, wenn damals auch von einer solchen
Scheidung nicht die Rede ist. Daß in solchen Fällen ein Königsgericht
abgehalten wurde, lehrt uns nicht einmal eine Formel. Alles spricht
aber dafür, daß die Bestrafung solcher Verbrechen am längsten in der
Hand des Königs oder in der des Majordomus, der die Regierungsgewalt
an sich gerissen hatte, geblieben ist. In diesem Falle genügte ein ein-
facher Vollstreckungsbefehl des Königs. Erst nach der Usurpation des
Königsthrones durch die Karolinger können wir nachweisen, daß ein
Urteil der Großen eingeholt wurde, und erst unter König Karl d. Gr.
läßt sich feststellen, daß Urkunden darüber ausgestellt wurden. Damit
hat das Königsgericht eine neue Entwickelung genommen, denn während
wir für die früheren Perioden im Königsgericht nur Civilfälle urkundlich
nachweisen konnten, und nur möglicherweise auch Kriminalfälle in
unserem Sinne in den Bereich desselben gehörten, werden unter den

Karolingern auch politische Verbrechen vor das Königsgericht gezogen. Es wird nun die gesamte Gerichtsbarkeit von dem König im Verein mit den geistlichen und weltlichen Großen des Reiches geübt. XII. Wir konnten somit eine fortlaufende Entwickelung in dem Auftreten des Königsgerichts verfolgen und dieselbe auf den Einfluß der Karolinger zurückführen. Mit Ausbildung des Civilprozesses am Königshof galt es das Arnulfingische Haus über die Großen des Reiches und zuletzt über das Königshaus der Merowinger zu erheben, mit dem Eintreten des politischen Prozesses in das Königsgericht handelte es sich darum, herauszutreten aus den engen Grenzen des Frankenreiches zu einer Weltpolitik und sich hierzu die Zustimmung und Unterstützung der geistlichen und weltlichen Großen zu sichern. In der weiteren Entwickelung werden wir eine Bestätigung hierfür finden. Die Großen des Reiches, einmal in die politischen Prozesse hineingezogen, werden von den neuen Interessen in Anspruch genommen, sodaß nun die Civilgerichtsbarkeit mehr in den Hintergrund tritt. Die Herrscher gewannen mit dieser Wandelung eine größere Selbständigkeit in der Civiljurisdiktion, und die größere Bildung, welche im Karolingischen Reich sich verbreitet, befähigte auch die Großen des Reiches mehr an den politischen Fragen und Bewegungen teilzunehmen.

Dritter Teil.

Das Königsgericht im neunten Jahrhundert.

Wir haben mit dem Jahre 800 einen neuen Abschnitt begonnen, weil auch in der geschichtlichen Entwickelung mit der Kaiserkrönung Karls des Großen eine neue Epoche angeht, die notwendig, wie in allen Lebenäußerungen eines Volkes, so auch in dem obersten Gerichtshof desselben zu kräftigem Ausdruck kommen muß. Ein solcher Abschnitt bezeichnet aber zugleich den Abschluß einer voraufgegangenen Entwickelung. Wenn wir also neue Elemente im Königsgerichte auftreten sehen, so werden die Wurzeln hierzu in der voraufgehenden Periode zu finden sein. Das Charakteristische für diese Zeit ist, daß die Formen des Gerichtsverfahrens nach Amtsrecht am Königsgericht die Oberhand gewinnen und sich vom Königsgericht auf weitere Gebiete ausdehnen. Der Pfalzgraf, die Missi des Kaisers, und schließlich auch die Grafen, werden mehr und mehr zu gerichtlicher Thätigkeit nach Amtsrecht herangezogen; der Kaiser entscheidet auf Grund ihrer Untersuchungen oder bestätigt ihre Urteile.

Erstes Kapitel.

Die Diplome der Kaiser Karls des Großen und Ludwigs des Frommen.

Wir waren in der vorigen Periode in der Lage eine größere Anzahl Placita-Urkunden der Betrachtung zu Grunde legen zu können, also Aufzeichnungen der gerichtlichen Verhandlungen in der den Gerichtsurkunden von Anfang an eigentümlichen Form. In dieser Periode sind wir hauptsächlich auf Diplome angewiesen, d. h. auf Entscheidungen des Kaisers, in welche meist eine ausführliche Darstellung der vorausgegangenen Verhandlungen aufgenommen wurde. Es bleibt dann festzustellen, ob diese Überlieferung der Entwickelung des Königsgerichtes entsprechen kann. Die Diplome gehen aus der kaiserlichen Kanzlei hervor; es würde die größere Anzahl derselben auf ein Überwiegen des geistlichen Einflusses hindeuten gegenüber den Gerichtsurkunden, die von Laien ausgefertigt wurden.

Das erste Diplom vom Jahre 802, welches uns von Karl d. Gr. als Kaiser erhalten ist[1] handelt über eine Klage um Abgaben an die Kirche. Der Kaiser sitzt zu Gericht nach der alten Formel „ad universorum causas audiendas vel recta judicia terminanda", er hört die Bitten der Geistlichen an, welche mit Genehmigung des Bischofs vor ihm erschienen, und läßt, nachdem er die Sache sorgfältig untersucht, sowie die zu Abgaben verpflichteten Güter in den Urkunden der Kirche gefunden hatte, ein Verzeichnis der Güter aufsetzen, welche Abgaben zu leisten haben. Er befiehlt dann, daß der Bischof die Beneficien derer, welche seinen Befehlen zuwider handeln, einziehen solle, bis auf die Zeit, wo dieselben vor ihm erscheinen würden, denn der, welcher die Abgaben vernachlässigte, soll auch des Landes verlustig gehen. Es fällt auf, daß weder die Angeklagten noch die Beisitzer erwähnt werden. Der Kaiser sagt, daß er den Fall genau untersucht und die Urkunden geprüft habe, und er behält sich die Entscheidung bei Zuwiderhandlungen vor. Nach dem Wortlaut des Diplomes untersucht also der Kaiser selbst die Anklage und entscheidet auf Grund der vorgezeigten Urkunden.

Weitere Aufklärung giebt uns ein Brief Karls d. Gr. an das Martinskloster von Tours.[2] Ein Priester war im Gericht des Missus, Bischof Theodulf, verurteilt worden, und hatte sich in das Kloster geflüchtet. Dieses verweigerte trotz kaiserlichen Befehls die Herausgabe, indem es im Namen des verurteilten Geistlichen nach dem Beispiel des Apostel Paulus an die Entscheidung des Kaisers appellierte. Bischof Theodulf richtete an den Kaiser ein Schreiben, worin er sich über diesen Fall beklagte. Den Tag darauf erhielt Karl in derselben Angelegenheit ein weiteres Schreiben des Klosters. Beide Schreiben hat er sich vorlesen lassen, und entschied er, daß eine Appellation nach gesprochenem Urteil nicht zulässig sei. Da jedoch das Kloster das Reklamationsrecht besaß, befahl der Kaiser die Auslieferung des Geistlichen an den Missus, der diesen vor ihn bringen sollte zur Entscheidung der Frage, ob das Urteil ein gerechtes gewesen wäre. Auch die Mönche, als Verächter seines Befehles, forderte er vor seinen Richterstuhl. In dem Schreiben an das Kloster tritt uns die Persönlichkeit Karl d. Gr. entgegen, der wichtige Fragen mit richtigem Takt entscheidet. Zum erstenmal sehen wir, daß

---

[1] Bouquet 5, 767. . [2] Bouquet 5, 628; a. 801—804.

der Kaiser auf zwei Schreiben hin eine Entscheidung trifft. Wir überblicken den Verlauf eines längeren Rechtsfalles, das Urteil des Missus,
Bericht an den Kaiser über die Aufnahme des Verurteilten in das Kloster,
Befehl des Kaisers zur Auslieferung; die beiden Schreiben des Bischofs
und des Klosters, die Entscheidung des Kaisers, der Befehl an den
Missus, den Verurteilten vor den Kaiser zu bringen, die Vorladung der
Mönche. Die Beteiligung von Beisitzern des Gerichts, wie wir auf diese
aus dem Eingang der Narratio des vorigen Diploms noch hätten schließen
können, welche in der gewohnten Form der Placita-Urkunden gehalten
war, wird hier nirgends angedeutet.

Dieses Diplom fällt in die Jahre 801—804. Wie anknüpfend daran
finden wir im Jahre 805 zum erstenmal Karl d. Gr. ordnend in das
Reklamationsprivileg eingreifen, welches unter den Merowingern und
Karolingern in den Mundbriefen auftritt. Danach soll der, welcher nach
erfolgtem Urteil reklamiert, unter Gewahrsam vor den Kaiser gebracht
werden. Im Jahre 810 werden dann Bestimmungen gegen den Miß-
brauch des Reklamationsprivilegs getroffen.

In einem dritten Diplom[1] entscheidet Karl d. Gr. die Klage des
Abtes von Fulda gegen die Eingriffe der Bischöfe entsprechend dem
Privilegium des Papstes Zacharias und der Bestätigung desselben durch
König Pippin, zu Gunsten des Abtes, zur Ehre des päpstlichen Stuhles
und aus Achtung vor seinem Vater. Es werden hier persönliche Beweg-
gründe hervorgehoben, welche dem Kaiser sonst fernlagen. Seine Ehr-
erbietung vor dem Papste ging nicht so weit, daß er sich zu einer
Drohung verstanden hätte, den Übertreter seiner Befehle mit der Strafe
zu belegen, welche der Papst in dem Privilegium verkündet hatte. Gerade
nach den vorhergehenden Diplomen würde der Kaiser die Übertreter seiner
Befehle vor den eigenen Richterstuhl gezogen haben, so daß dieses Diplom
aus inneren Gründen in den Rahmen des Königsgerichts nicht hinein-
paßt, wie es auch nach den neuesten Forschungen als „gefälscht oder völlig
überarbeitet“[2] bezeichnet wird. Dies tritt noch mehr hervor in einem Diplom
Karl d. G.[3], durch welches er einen Diöcesanstreit zwischen dem Patriarchen
von Aquileja und dem Erzbischof von Salzburg entscheidet. Beide geistlichen Würdenträger erschienen vor dem Kaiser und beriefen sich für
den Anspruch auf Kärnthen auf Urkunden, der Patriarch auf Synodalbeschlüsse, die vor dem Einfall der Langobarden in Italien erlassen waren,
der Erzbischof auf Privilegien der Päpste. Der Kaiser aber erkennt

---

[1] Dronke 128.

[2] Julius Harttung, Diplomatisch-historische Forschungen, Gotha 1879, S. 332,
ad. II. Fulda und seine Privilegien.

[3] Ughelli 5, 36, a. 811.

beide Ansprüche als gleichberechtigt an und teilt Kärnten zwischen Aquileja und Salzburg. Ein solcher Entscheid spricht nicht für den Wortlaut des vorhergehenden Diploms, nach diesem würde der Kaiser Synodalbeschlüsse nicht auf gleiche Linie mit Papstprivilegien gestellt haben. Das Diplom zeigt Anklänge an ein Placitum, die Geistlichen erscheinen vor dem Kaiser in heftigem Streit über die Ansprüche auf Kärnten, der Patriarch beruft sich auf eine Urkunde, ebenso der Erzbischof. Nun beginnt die persönliche Thätigkeit Karls, er hört die Streitfrage an, er untersucht sie, er befiehlt die Teilung des Gebietes, er erläßt den Ausführungsbefehl, nachdem von ihm die Entscheidung gefällt ist, und heißt die Parteien sich bei seinem Urteil beruhigen, da er eine gerechtere Entscheidung nicht finden könne. Sechsmal wird in der Urkunde „nos" gebraucht, dadurch die Person des Kaisers ganz auffallend hervorgehoben.

Im Jahre 812 erläßt Karl d. Gr. einen Befehl an acht Grafen[1], der uns weitere Schlüsse erlaubt. Der Kaiser hatte Spanier in sein Reich aufgenommen und ihnen unbebautes Land auf 30 Jahre und mehr angewiesen. Diese beklagten sich bei Karl d. Gr., daß sie von den Grafen bedrückt würden und daß ihnen einige Gehöfte weggenommen worden seien. Karl sendet einen Missus an seinen Sohn, den König Ludwig von Aquitanien, um ihm den Fall auseinander zu setzen; den Grafen aber wird vorgeschrieben wie die Spanier zu behandeln wären, es solle denselben beim Zorn des Kaisers das entrissene Gut wiedergegeben werden. Gerade von Karl d. Gr. als König haben wir auch früher Diplome angeführt, in diesen wurden aber in bestimmter Weise auf frühere Entscheidungen des Königsgerichts hingewiesen, sodaß durch diese Diplome nur eine Bestätigung des Königsgerichts erfolgte.[2] Eine straffere Handhabung seiner richterlichen Gewalt zeigte Karl d. Gr. auch durch das Kapitular über Versäumen des Heerbanns und den Herisliz.[3] Ergänzen können wir diese Steigerung der kaiserlichen Autorität durch seine durchgreifende Umbildung des Rechtswesens.[4] Auf dem Gebiet des Volksrechts fällt hierher die Einführung der Bannitio, der Zwangsvollstreckung

---

[1] Bouquet 5, 776.
[2] Bouquet 5, 733, a. 775; Beyer, M. Rh. Urkb. S. 41, Nr. 37, a. 797.
[3] LL. I, 162. Capit. Aquisgr. a. 810, c. 11 und 12.
[4] Sohm, fränk. R. und G. Verfass.; Brunner, die Entstehung der Schwurgerichte. Berlin 1872 ad. IV, die Reformen der christlich fränkischen Zeit. Wir sehen hierin nicht mit Sohm, Fränkisches und Römisches Recht, Weimar 1880 S. 9 fg. eine Vernichtung sämtlicher Stammesrechte gegenüber dem salischen Frankenrecht, sondern nur die Entwickelung eines alle Stämme umfassenden Amtsrecht gegenüber den einzelnen Volksrechten.

im Ungehorsamsverfahren, des Legitimationsverfahrens der Zeugen, der
Maßregeln gegen die Mißbräuche des Eidesbeweises, der vollständigen
Übertragung der Pfändung von den Mobilien auf die Immobilien, also
die missio in bannum als einzige Exekutivform. Für das Amtsrecht
ist das Schöffenkolleg im gebotenen Ding, die Organisation der ordentlichen Missi und Ausstattung derselben mit Exekutionsgewalt auf Karl
d. Gr. zurückzuführen.

Von Ludwig dem Frommen ist uns eine Reihe von 30 Diplomen
über gerichtliche Entscheidungen erhalten, welche dem Zeitraume vom
Jahre 816 bis zum Jahre 838 umfassen.

· Zunächst sehen wir den Kaiser nach dem Prinzip der Billigkeit, dem
jus aequum oder honorarium, entscheiden, wie dies schon sein Vater gethan.
Im Jahre 816 erschienen Spanier vor dem Kaiser und beklagten sich[1],
daß bei Überweisung von Land die Mächtigeren von ihnen besondere
Urkunden erhalten hätten, auf Grund derer sie selbst bedrückt würden.
Es bezieht sich dies wohl auf den Entscheid Karls d. Gr. vom Jahre 812.
Ferner klagten sie, daß man ihnen das Land, welches ihnen gegen Kom-
mendation als Aftervasallen der Grafen und deren Vasallen, sowie der
Vasallen des Kaisers übergeben wäre, zu entreißen suche. Der Kaiser
erkennt die Klagen als gerecht an und bekräftigt die Ansprüche der
Spanier durch eine Urkunde, welche im königlichen Archiv niedergelegt
wird, um weitere Klagen leichter entscheiden zu können. Sieben Ab-
schriften sollten dort aufbewahrt werden wo die Spanier sich niedergelassen hatten. Im Jahre 831 erscheint der Bischof von Vienne vor
Ludwig[2]; er legt die Schenkungsurkunde eines Klosters und Überweisung
desselben an den Bischof vor, nebst Bestätigungs-Urkunden der Könige
Theuderich und Gunthram, indem er behauptet, daß ihm das Kloster
widerrechtlich entrissen worden sei. Ludwig erkennt den Antrag des
Bischofs als gerechtfertigt an, stellt ihm das Kloster wieder zu und ver-
heißt ihm die Immunität. Gerade dieser letzte Fall war in früherer
Zeit häufig Gegenstand eines Königsgerichts gewesen; zuletzt sind uns
noch von König Pippin[3] und Karl d. Gr. als König[4] solche Placita
erhalten.

Für die Art der Untersuchung ist nur das inquirere und investigare
gegeben[5], welches wir im Königsgericht seit dessen Auftreten gefunden
haben. Da die Abgesandten des Kaisers das Beweismaterial für die
kaiserliche Entscheidung zu erbringen hatten, so entnehmen wir daraus,
daß sie den Inquisitionsbeweis nach Amtsrecht anstellten und hierzu mit

---

[1] Bouquet 5, 486.   [2] Bouquet 5, 570.   [3] Bouquet 5, 697, a. 752.
[4] Cod. Lauresh. 1, 9, a. 772.   [5] Mittelrh. U. B. 1, 59, a. 821.

der auctoritas inquirendi durch ein spezielles Mandat, einen indiculus inquirendi, ausgestattet waren.[1] Als Abgesandte werden ein Vasall, ein Missus, ein Graf und zwei bis drei Missi genannt. Der Vasall[2] wird gesandt bei der Klage eines einfachen Unterthanen, ein Missus[3] bei der Beschwerde eines Vasallen, ein Graf[4] wird beauftragt bei der Beschwerde eines Abtes, bei Klagen gegen den Fiskus oder niedere Beamte. Als sich ein Abt über einen Grafen beklagt[5], werden drei Missi mit der Untersuchung betraut: ein Bischof, ein Abt und ein Graf. Bei drei Klagen von Bischöfen[6] werden zwei bis drei Männer abgesandt, und jedesmal steht ein Bischof an ihrer Spitze; zweimal werden dieselben als Missi bezeichnet. Ludwig der Fromme überschreitet die bisherigen Grenzen des Königsgerichts, indem er durch seine Missi den Inquisitionsbeweis über das ganze fränkische Reich ausbreitet. In den letztangeführten sieben Diplomen beauftragt der Kaiser seine Missi mit Untersuchung des streitigen Falles, um auf Grund derselben seine Entscheidung treffen zu können, es handelt sich dabei um Klagen gegen kaiserliche Beamte und den Fiskus.

Ein System ist in diesen sieben Fällen nicht zu verkennen; die Zahl und Bedeutung der mit der Untersuchung beauftragten Männer ist nach dem Stande von Kläger und Beklagten abgewogen. Daß solche Fälle öfter vorgekommen sind, beweist eine Formel[7], welche eine Entscheidung auf Grund einer Untersuchung durch Missi des Kaisers enthält und so auf verlorene Diplome schließen läßt.

Acht weitere Diplome, ebenfalls über den Zeitraum vom Jahre 816 bis 832 ausgedehnt, geben uns nähere Bestimmungen über den Inquisitionsbeweis unter Ludwig dem Frommen. Sie bestätigen den Gebrauch der Abgesandten. Missi, und zwar ein Bischof und ein Graf, werden nur einmal bei der Klage eines Bischofs[8] entsandt, zwei Hofbeamte werden abgeschickt bei der Klage eines Abtes[9] gegen einen Intendanten der Krongüter; bei der Klage eines Grafen[10] gegen einen Intendanten wird die Untersuchung zuerst dem Kaiser Lothar übertragen, dann von

---

[1] Brunner, Entstehung der Schwurgerichte, Exkurs über die gerichtlichen Indiculi regales.

[2] Mittelrh. U. B. 1, 59, a. 821.   [3] Bouquet 6, 569, a. 831.

[4] Wartmann, Urkb. von St. Gallen 1, 225, a. 818.

[5] Schöpflin 1, 75, a. 831.

[6] Ughelli 2, 201, a. 820; Schöpflin 1, 68, a. 831; Bouquet 6, 587, a. 833.

[7] Rozière Nr. 447 . . . quidam homines . . . coram nobis questi essent . . . et nos hoc ita verum esse, fidelibus missis nostris illo et illo inquirentibus et nobis renuntiantibus, comperissemus, jussimus . . .

[8] Mon. Boica 28, 13, a. 820.   [9] Sickel Reg. L. 250; Martene 2, 24, a. 827.

[10] Mon. Boica 31, 48, a. 822.

einem Großen und mehreren Vasallen vorgenommen. In den anderen weniger wichtigen Fällen[1] wird ein Graf, ein Seneschall, ein Vasall mit der Untersuchung betraut.

Der Auftrag lautet nur in den letzten Diplomen auf eine Untersuchung „per meliores et veraciores homines" und im Jahre 827 „per circummanentes utriusque partis", in den übrigen Fällen nur allgemein auf eine sorgfältige Untersuchung. Der Bericht der Abgesandten gründet sich aber in den letzten acht Fällen auf eine Untersuchung „relatione bonorum hominum; per pagenses et veraces homines; per pagenses loci illius adhibitis, quibus inter eos maxima fides habebatur; per homines bonae fidei; per veraces homines pagenses scilicet loci illius"; einmal im Jahre 822 „per comitem et ceteros nobiles ac veraces homines circa manentes", Ausdrücke, welche anzeigen, daß nicht Parteien nach Volksrecht ihre Zeugen stellten, sondern daß der Missus kraft Amtsrecht eine Auswahl der Zeugen traf nach ihrer Glaubwürdigkeit, also wesentlich nach dem Besitz. Im Jahre 822 heißt es nun in der Dispositio des Kaisers „sicut inquisitum et testificatum est", im Jahre 828[2] in der Expositio von dem untersuchenden Grafen „sicut per illos pagenses et veraces homines per sacramentum invenire potuit", und im Jahre 832[3] ebenfalls in der Expositio „sicut relatione bonorum hominum circa fines consistentium cum sacramenti assertione invenerat". Es liegen also drei Zeugnisse vor, daß die Aussagen der zur Untersuchung von den Abgesandten des Kaisers herangezogenen Männer eidlich bekräftigt wurden, während über die Art der Ablegung des Eides nichts angegeben ist.

Weitere Aufklärung werden uns drei Formeln und ein Diplom bringen. Nach einer Formel[4] beschloß Ludwig der Fromme mit den Großen seines Reiches, durch das ganze Land Abgesandte zu schicken, die später als Missi bezeichnet werden, um Mißbräuche der Grafen und Missi zu untersuchen und abzustellen. Die Urkunde, aus welcher diese Formel entnommen,

---

[1] Mittelrh. U. B. 1, 57, a. 816; Mon. Boica 31, 43, a. 819; Wartmann, Urkb. von St. Gallen 1, 249, a. 821.

[2] Neugart C. Alem. 1, 196, a. 828.   [3] Bouquet 6, 584.

[4] Rozière II Nr. 449 (Carpent. Nr. 43). Ludwig d. Fr. giebt selbst als Grund der Aussendung der Missi die Untersuchung und Abstellung von Mißbräuchen der Missi und Grafen an, nirgend ist eine Andeutung vorhanden, daß der Zweck vorgelegen hätte, den Einfluß des fränkischen Rechts weiter auszudehnen, wie dies Sohm, Fränkisches und Römisches Recht, Weimar 1880, Seite 18 annimmt. Da Karl d. Gr. in Bayern treue Vasallen fand, welche öffentlich als Ankläger gegen ihren Herzog Tassilo auftraten, als derselbe seine beschworenen Vasallenpflichten vernachlässigte, so konnte er sowohl als Ludwig d. Fr. auch bayrische Grafen einsetzen und brauchte nicht Franken allein heranzuziehen, wie dies Sohm l. c. angiebt; der ganzen Politik der Karolinger entsprach es mehr an lokale Verhältnisse anzuknüpfen.

ist abgefaßt, um auf Grund der Berichte dieser Königsboten durch kaiserlichen Entscheid die aufgedeckten Mißbräuche der kaiserlichen Beamten wieder gutzumachen, und knüpft an einen Fall an, wo ein Mann durch einen Grafen unrechtmäßig zum Sklaven gemacht worden war. Vom Jahre 819 haben wir ein Diplom[1], worin sich drei Leute bei einem Grafen und einem Missus des Kaisers beklagen, daß bei der Einziehung von Gütern ihre Besitzungen mit konfisziert worden wären, obgleich sie sich nichts hätten zu Schulden kommen lassen. Die Missi im Verein mit Vasallen des Kaisers hatten nach Recht und Billigkeit eine genaue Untersuchung unter Hinzuziehung glaubwürdiger Leute angestellt und dem Kaiser berichtet, daß die Einziehung der Güter unrechtmäßig erfolgt sei, worauf der Kaiser dieselben zurückzustellen befahl. Solche Klagen mußten vielfach vorgekommen sein, denn wir finden zwei Formeln darüber. Dieselben sind nicht datiert, doch sind die Persönlichkeiten der Missi der einen Formel[2], Erzbischof Hetti und Graf Adalbert, für das Jahr 825 von Pertz nachgewiesen, während Baluze sich für das Jahr 823 entschieden hat.[3] Es beklagt sich darin ein Mann bei den Missi, daß seine Großmutter unrechtmäßig einem Krongut als Unfreie zugeteilt worden sei, und eine Untersuchung unter Hinzuziehung glaubwürdiger Männer führt zu einer günstigen Entscheidung. Die zweite Formel[4] zeigt so wörtliche Übereinstimmung mit dem Diplom vom Jahre 819, daß wir sie auch dieser Zeit zurechnen müssen. Darin klagen zwei Männer vor den kaiserlichen Missi, zwei Grafen, daß ein Abt ihre Güter unrechtmäßig in Besitz genommen habe; die Untersuchung wird durch glaubwürdige Leute geführt und zu Gunsten der Kläger entschieden.

Der überwiegende Teil der angeführten Diplome Ludwigs des Frommen handelt von Klagen gegen den Fiskus oder gegen königliche Beamte. Es hat somit den Anschein, als ob Klagen gegen den Fiskus im Königsgericht nicht angebracht werden durften, sondern auf den Petitionsweg angewiesen waren.[5] Es würde die Erledigung dann durch die kaiserliche Kanzlei erfolgt sein, sodaß dadurch Diplome an Stelle der Placita-Urkunden getreten wären. Jedoch läßt sich urkundlich nachweisen, daß Klagen gegen den Fiskus wie andere Klagen behandelt wurden.[6] Zwei

---

[1] Wilmans Kaiserurkunden der Provinz Westfalen, 1, Nr. 4.
[2] Rozière 450 (Carpent. 49).
[3] Sickel Reg. L. 239; Rozière 450 Note a.
[4] Rozière 452 (Carpent. 42).
[5] Roth, Beneficialwesen S. 222; Feud., S. 225; Sohm, R. u. G. Verf. S. 26 fg.
[6] Loening, Deutsches Kirchenrecht 2, 755, Anhang II, dessen kurze Angaben hier durch weitere Beweise ergänzt werden, da die Frage für das Königsgericht von großer Wichtigkeit ist.

Fälle haben wir schon früher besprochen. Im Jahre 710 klagt das
Kloster St. Denis im Königsgericht vor Childebert III.[1] wegen eines
Zolles, der von den Beamten des Majordomus Grimoald und dem Grafen
von Paris gegen die Bestimmungen eines königlichen Privilegs unrecht-
mäßigerweise eingezogen war.   Es ergeht das Urteil im förmlichen
Königsgericht unter Zustimmung des Majordomus, daß die Beamten des·
Majordomus feierlich in Vertretung des Fiskus den Zoll an das Kloster
wieder übertragen sollten.   Im Jahre 746, während der Regierung Childerich III., saß der Majordomus Karlmann feierlich zu Gericht.[2]   Ein
Abt berichtete, daß sein Kloster von Pippin eine Besitzung erhalten hätte,
die ihm jetzt unrechtmäßig vorenthalten würde.   Karlmann prüft die
Schenkungsurkunde, erkennt sie als richtig an und überträgt mit Halmwurf das Besitztum auf den Abt, das Gericht bestätigt dies dann durch
ein Urteil für alle Zeiten.   Von Karl d. Gr. haben wir ein Diplom[3],
nach dem Vasallen des Kaisers von Geistlichen angeklagt werden, weil
sie den Zehnten für ein Beneficium nicht bezahlten.   Der Kaiser entscheidet zu Gunsten der Kirche.   Karl d. Gr. hebt bei dieser Gelegenheit hervor, daß er zu Gericht saß.   Ein förmliches Königsgericht mit
Beisitzern ist allerdings für diesen bestimmten Fall nicht nachzuweisen,
vielmehr hat nach diesem Diplom der Kaiser selbst die Entscheidung
gefällt und bei Zuwiderhandeln sich das Urteil vorbehalten.   Jedenfalls
ist in der Behandlung der Klage gegen kaiserliche Vasallen in den
Diplomen kein Unterschied zu bemerken gegen die Behandlung anderer
Fälle; Klagen gegen den Fiskus liegen in Diplomen aber nicht vor.
Dagegen ist uns ein Placitum vom Jahre 782 erhalten[4], in dem es sich
um ein königliches Kloster handelt, welches von den Söhnen eines ge-
wissen Lambert in Anspruch genommen wird.   Der königliche Missus
erscheint mit den Scabinen des Moselherzogtums nebst Zeugen und
berichtet, daß das streitige Kloster von dem Majordomus Karl und dem
König Pippin als Beneficium an Bischöfe verliehen worden sei, von diesen
wäre es durch Urkunde an die Kirche von St. Peter bei Trier überwiesen worden und von dort aus sei zur Zeit Pippins die Einsetzung des
Abtes erfolgt.   Im Gericht des Missus war das Urteil, von Scabinen und
Zeugen erhärtet, ergangen, daß zu Zeiten Pippins Lambert sich mit
Gewalt des Klosters bemächtigt und den rechtmäßigen Besitzer, nämlich
den Bischof, desselben beraubt hatte.   Die Besetzung des Klosters stehe
also noch immer dem König und dem von ihm belehnten Bischof zu.
Da die Söhne des Lambert nicht urkundlich beweisen konnten, daß sie

---

[1] DD. I, Nr. 77.   [2] DD. I, 2. Abteil. Nr. 16.
[3] Bouquet 5, 767.   [4] Forschungen 3, 151.

von König Pippin die Besitzung erhalten hätten, so wurde durch förmlichen Spruch des Königsgerichts dem König das Kloster zu Gunsten der Kirche von St. Peter zugesprochen und von der beklagten Partei zurückgegeben. Das Eigentum des Fiskus wird besonders betont durch „res proprietatis nostre, partibus nostris, nostra legitima restitura"; es wird zurückgewiesen, daß König Pippin das Kloster abgetreten habe, und nach dem Urteil des Königsgerichts werden noch besonders die Beisitzer mit Namen aufgeführt: 3 Bischöfe, 11 Grafen, 44 Schöffen, der Pfalzgraf und der Umstand, sodaß die Kompetenz des Königsgerichts damit offen ausgesprochen ist. Es konnte dann das Urteil auch gegen den Fiskus ausfallen, wie dies unter Childebert III. und Childerich III. geschehen war; auch trifft die abgewiesene Partei keine Gefahr durch den Prozeß gegen den Fiskus und sie giebt ihr Recht auf ohne die Formen des Volksrechts, so daß sich kein Anhaltspunkt für das Verbot einer Klage gegen den Fiskus findet. Wir sehen nur, daß die Entscheidung über fiskalischen Besitz von dem Missus an das Königsgericht gebracht wurde, wie dies die spätere Entwickelung als Regel bestätigt, wenn auch Ausnahmen stattfinden. Von Ludwig d. Fr. sind allerdings fast nur Klagen gegen den Fiskus und kaiserliche Beamte in Diplomen[1] erhalten, doch wird im Jahre 819 die Klage eines Abtes[2], daß seinem Kloster zur Zeit Karls d. Gr. Besitzungen entrissen worden wären, ganz in derselben Weise erledigt wie die Klagen gegen den Fiskus. Ferner wird im Jahre 820[3] ein Streit zwischen dem Bischof von Spoleto und dem Abt des Klosters Farfa der Entscheidung und Bestätigung des Kaisers vorbehalten. In einer Formel[4], welche auf das Jahr 819 hinweist, klagen zwei Männer gegen einen Abt, und auch hier ist eine Abweichung in dem Verfahren gegenüber den Klagen gegen den Fiskus nicht festzustellen. Übertragung des Eigentums vom Fiskus durch Halmwurf ist allerdings seit dem Majordomus Karlmann nicht mehr nachzuweisen, doch haben wir gesehen, daß das Volksrecht immer mehr vom Königsgericht verschwindet, damit wird auch die Königsurkunde und hier das Diplom an Stelle der Übertragung nach Volksrecht getreten sein. Jedenfalls hat Ludwig d. Fr. Entscheidungen über fiskalisches Gut durch Kapitular der kaiserlichen Entscheidung vorbehalten.[5] Für die spätere

---

[1] Für Placita aus der Zeit Ludwigs d. Fr., vergl. Roz. 451.
[2] Wilmans 1, Nr. 4.
[3] Fatteschi 287.   [4] Roz. 452.
[5] LL. I, 216, Cap. miss. Aquisgr. a. 817: Justitiam faciant de rebus et libertatibus injuste ablatis . . . Si vero vel comis vel actor dominicus vel alter missus palatinus hoc perpetraverit et in nostram potestatem redegit, res diligenter investigata et descripta ad nostrum judicium reservetur.

Zeit haben wir einen Beweis in dem Prozeß von Vermeria[1], daß man Klagen gegen den Fiskus erheben konnte. Nachdem das geistliche Schiedsgericht resultatlos verlaufen war, wird der Prozeß im Königsgericht zwischen Fiskus und Bischof weitergeführt und das Urteil des Königsgerichts zu Gunsten des Fiskus gefällt. Rechtlich konnte dasselbe allerdings auch gegen den Fiskus ausfallen.

Klagen werden danach nicht mehr im Königsgericht entschieden. sondern durch den Kaiser selbst mittelst Diplome auf Grund der Berichte der Missi. Diese Entwickelung können wir bis auf Ludwig d. Fr. verfolgen und sie als eine fortlaufende Erstarkung des Amtsrechts unter den Karolingern nachweisen. Missi treten schon früher bei den Karolingern auf. Der Majordomus Pippin entsendet im Jahre 751[2] zwei Missi, um einen Urteilsspruch des Königsgerichts zu Gunsten des Klosters St. Denis zur Ausführung zu bringen. Auch Karl d. Gr. giebt im Jahre 812 einem Missus[3], dem Erzbischof Johann, den Auftrag, eine Entscheidung zu Gunsten einiger Spanier, welche sich über Bedrückung beim Kaiser beschwert hatten, seinem Sohn Ludwig, König von Aquitanien mitzuteilen und den Grafen zur Nachachtung einzuschärfen. Im Jahre 782 wurde von Karl d. Gr. eine Untersuchung angestellt[4] über ein Gut Suenheim; zwei Missi wurden nach dem Gut geschickt, damit Schöffen und Zeugen an Ort und Stelle ihre Aussage wiederholen sollten. Durch Kabinettsbefehl Karls d. Gr.[5] wird eine Sache den Missi zur Entscheidung überwiesen, ein zweites Mal[6] ohne daß der Weg angegeben wurde, auf dem die Überweisung an die Missi geschah. Wo die Königsurkunde nicht ausreichte, haben die Karolinger sich besonderer Gesandten bedient.

Aus der Zeit Karls d. Gr., etwa um das Jahr 780, ist uns der Bericht eines Missus erhalten[7] über eine Untersuchung, die er auf Grund einer Klage des Bischofs von Marseille an Ort und Stelle angestellt hatte. Er beruft sich dabei auf das Zeugnis freier Männer des Gaues; sein Auftrag lautet: „juxta legis ordinem hoc diligenter inquirere“, das würde darauf deuten, daß die Vernehmung selbst nach Volksrecht auf einen assertorischen Eid hin erfolgte, wenn auch die Ladung der Zeugen bei Königsbann geschah. Im Jahre 781 sendet auch Karl d. Gr. in Italien Gesandte ab[8], Erkundigungen einzuziehen über das Gewohnheitsrecht in lombardischen Häfen, um eine Beschwerde abzustellen, wie dies durch

---

[1] Martene Coll. 1, 169, a. 863.   [2] DD. I, 2. Abt. Nr. 23.
[3] Bouquet 5, 776.   [4] Cod. Laur. Trad. Nr. 228.
[5] Meichelbeck, Trad. Fris. I^b 82, Nr. 103.
[6] Meich. Trad. Fris. I^b 119, Nr. 181.   [7] Martene Coll. 1, 41.
[8] Zacharias Cremon. cp. praef. 3.

die italienischen Verhältnisse wohl geboten wurde. Die Missi wenden sich hier an alte Leute „a veteribus“, um die Verhältnisse unter den langobardischen Königen kennen zu lernen. Karl d. Gr. hat auch das Amt der ordentlichen Missi dominici eingeführt[1] als Stellvertreter des Königs kraft besonderen Auftrages, der im allgemeinen dahin lautete, das Recht zu wahren, „ad justicias faciendas“. Sie treten konkurrierend mit dem Grafen auf im echten Ding und richten dann nach Volksrecht, sie treten gleicherweise im gebotenen Ding, dem Schöffengericht, auf, und richten dann nach Amtsrecht.[2] Im ungebotenen oder echten Ding schreitet der Missus besonders da ein, wo ein Graf seine Pflichten vernachlässigt hat, aber unter Königsbann. Ausgestattet mit der auctoritas inquirendi et definiendi kann er den Inquisitionsbeweis auch im echten Ding anstellen und richtet dann an die königlichen Scabinen die Urteilsfrage, wie die Kapitularien uns berichten.

Auch die Heranziehung glaubwürdiger Personen zur Untersuchung einer Streitfrage geht von den Karolingern aus, ist aber früher nur vom Königsgericht nachzuweisen. Im Jahre 749 stellt Pippin eine Untersuchung an[3] „tam per bonos homines et magnificos viros quam per jam dictas praeceptiones“, und Karl d. Gr. sagt im Jahre 797[4] „repperimus certissime tam per veraces homines quamque per instrumenta“. Die Kapitularien Karl d. Gr. vom Jahre 808 und 812[5] geben schon Bestimmungen über Heranziehung glaubhafter Leute zum Zeugenbeweise. Ein Beispiel hierfür hatte unter Karl d. Gr. König Pippin in Italien gegeben.[6] Der Stammeshaß der Franken und Langobarden nämlich ließ die volksrechtlichen Beweismittel nicht zur Geltung kommen, es wurden deshalb glaubwürdige Männer vom Grafen vereidigt, um bei Verbrechen durch sie die Zeugen nach Volksrecht zu ersetzen.

Auch die Einführung des Schöffengerichts in den Jahren 770 bis 780[7] geht von Karl d. Gr. aus. Die Schöffen oder scabini sind die königlichen Rachimburgen und finden sie das Urteil im gebotenen Ding nach Amtsrecht, im ungebotenen Ding haben sie nach Volksrecht nur den Urteilsvorschlag, dem die Gerichtsgemeinde die Vollbort zu erteilen hat. Sie bilden aber hier das ständige Rachimburgen-Kolleg, dessen

---

[1] Sohm, Fränk. R. u. G. V. §. 19.
[2] Der Bericht über ein solches Gericht ist uns aus späterer Zeit unter Karl dem Dicken vom Jahre 880 erhalten, Muratori Ant. V, 929.
[3] M. G. DD. I, 2. Abt. Nr. 21.   [4] Mittelrh. U. B. 1, 41.
[5] M. G. LL. I, 152, Cap. Noviom. §. 3; ibid. 174, Capit. Aquisgr.
[6] LL. I, 43, Pippini regis capit. Langobard c. 8.
[7] Sohm, fränk. R. u. G. V. §. 16 S. 375.

Zahl aus der Gemeinde, wahrscheinlich nach Wahl derselben, ergänzt
werden kann, während die königlichen Schöffen von königlichen Beamten,
den Grafen und Missi, nur unter Mitwirkung der Gerichtsgemeinde ein-
und abgesetzt werden.

Wie im Königsgericht selbst, so trat bisher auch im ganzen fränkischen Reich das Amtsrecht nur subsidiär neben das Volksrecht. Eine
feste Organisation erhalten diese Verhältnisse erst unter Ludwig d. Fr.,
und bieten die Kapitularien dieses Kaisers hierfür den Beweis.[1] Wir
haben gesehen, daß Ludwig d. Fr. seine Regierung damit begann, Abgesandte durch das ganze Reich zu senden, um Mißbräuche der Beamten
abzustellen, wie uns dies auch durch die von Thegan verfaßte Lebens-
beschreibung dieses Herrschers[2] bezeugt ist. Der Kaiser behielt sich
aber die Entscheidungen über die einzelnen Fälle selbst vor, wie wir
aus den zahlreichen Diplomen ersehen, und den Klagen war damit Thor
und Thür geöffnet. Die Aufnahme des Thatbestandes erfolgte kraft
königlicher Machtvollkommenheit, die Entscheidung erließ der König auf
Grund der Berichte seiner Gesandten, ohne mit den Parteien in Verbindung zu treten. Noch einige weitere Punkte beweisen, daß diese
Entwickelung gerade unter Ludwig d. Fr. ihren Höhepunkt erreichte.
Vom Jahre 820 ist ein Diplom Ludwig d. Fr. erhalten[3], nach welchem
der Kaiser seine Missi: einen Bischof, einen Abt und einen Grafen,
abgesandt hatte, um einen Streit zwischen dem Bischof von Spoleto und
dem Abt des Klosters Farfa über eine Kirche zu untersuchen; die Entscheidung behielt er sich nur für den Fall, wenn die Missi den Streit
nicht beizulegen vermöchten, vor. Es kommt zu einem Vergleich; zwei
Urkunden werden von den Parteien und den Missi unterschrieben und
dem Kaiser vorgelegt, der sie bestätigte. Eine solche Bestätigung des
Kaisers war also selbst dann noch erforderlich, wenn das Mandat der
Missi auf Beendigung des Prozesses lautete.

Außer der Organisation der Missi, der Schöffen, der Berufung von
Zeugen unter Königsbann im Inquisitionsbeweis finden wir die Verwendung glaubwürdiger Männer im Frankenreich unter Ludwig d. Fr.
noch weiter ausgebildet und mit dem Institut der Missi dominici zu
einem weltlichen Rügeverfahren gegen Mißbräuche der Lokalbehörden
verbunden. Durch das Kapitular vom Jahre 828 wurden in jeder Graf-
schaft angesehene und als wahrhaft erprobte Männer gewählt und ver-

---

[1] Gerade die Ausführungen von Brunner: Zeugen und Inquisitionsbeweis, sowie
Sohm, Fränk. R. u. G. V. §. 6: Volksrecht und Amtsgewalt, welche einen Einblick
in diese Verhältnisse gestatten, können dies bestätigen, denn sie knüpfen an die
Kapitularien Ludwig d. Fr. an.
[2] M. G. SS. II, 593, c. 13.   [3] Fatteschi, 287.

eidigt.[1] Die Bischöfe, die ja selbst als Königsboten auftraten, adoptierten dann diese Einrichtung, indem sie seit Mitte des 9. Jahrhunderts solche glaubhafte, ein für allemal vereidete Zeugen als Sendzeugen in ihren Sendgerichten benutzten.[2] Einen Vorläufer dieser Einrichtung fanden wir bereits im Jahre 782 durch König Pippin in Italien eingeführt[3], unter Ludwig d. Fr. aber können wir uns erst ein klares Bild von der Verwendung der veraces homines machen. Die Zeugen wurden vom Richter bestimmt, unter Königsbann vor Gericht gefordert und legten sie hier ein eidliches Wahrheitsversprechen ab, in der folgenden Verhandlung alles sagen zu wollen, was ihnen bekannt wäre; auch wurden sie manchmal nur auf den Treueid hin verpflichtet, wahrscheinlich wenn derselbe vor kurzem abgelegt war. Bei Beamten wenigstens wurde dies für ausreichend erachtet. Der Eid der Zeugen nach Inquisitionsrecht[4] geht also nicht auf das Wissen, sondern auf den Willen etwas zu sagen; er ist ein promissorischer und kein assertorischer Eid; ein Eid nach Amtsrecht, wie er in dieser Form im Volksrecht nicht vorkam.

Resultate des ersten Kapitels.

I. Von Karl d. Gr. haben wir vier Urkunden aus den Jahren 801 bis 812, welche auf dem Gebiet der Civiljurisdiktion nach ihrem Wortlaut eine Entwickelung der Machtsphäre gegen die vorige Periode zeigen. Aus dieser Zeit kennen wir die Ausbildung des Inquisitionsprozesses, die Behandlung und Wichtigkeit der Urkunden, das Gerichtszeugnis, den Indiculus de judicio evindicato; jetzt werden die Beisitzer nicht mehr erwähnt, es erscheint nur der Kläger, der Kaiser entscheidet auf Grund der vorgelegten Urkunden, dann reichen beide Parteien ihre Klage schriftlich ein; immer schärfer tritt die Persönlichkeit des Kaisers hervor, er urteilt sogar über Synodalschlüsse und päpstliche Urkunden und sendet einen Missus ab, um nach seiner über eine Klage getroffenen Entscheidung den Grafen gegenüber aufzutreten. Zweimal behält der Kaiser sich die definitive Bestrafung bei Zuwiderhandeln gegen seine Befehle vor. Wohl läßt sich aus vier Urkunden noch kein Schluß ziehen, und so genügt es hier, die Thatsache festzustellen, daß mit den Jahren die

---

[1] LL. I, 328, Cap. Aquisgr. de instructione miss. a. 828, c. 3. Dagegen handelt Capit. Worm. missis data a. 829 c. 2, LL. I, 354 über Schöffen; s. Brunner Z. und J. B. ad II: Das Zeugenverfahren B., das Zeugenverfahren der Kapitularien S. 362 gegen Waitz V.-G. 4, 332, Dove, Die fränkischen Sendgerichte, §. 3 die Einführung der Sendzeugen.

[2] Dove, Die fränkischen Sendgerichte. Zeitschrift für Kirchenr. Bd. 4 u. 5.

[3] LL. I, 43 Pippini cap. Longobard. a. 782, c. 8.

[4] Brunner, a. a. O. cap. II, Das Zeugenverfahren.

Machtfülle und Persönlichkeit des Kaisers mehr zur Geltung kommt. Den Richtern würde fast gar kein Spielraum bleiben, da die Meinung des Kaisers so klar und bestimmt ausgesprochen ist.

II. Unter Ludwig dem Frommen erscheinen nur die Kläger und weisen Königsurkunden vor, ohne daß von den Angeklagten die Rede ist. Nur die Urkunden beweisen also den Rechtsanspruch, und die Aussagen der Kläger genügen, um den Entscheid herbeizuführen. Das ist ein Verfahren nach jus aequum, wie es nur dem Kaiser gestattet ist. Die Niederlegung des Diplomes im Staatsarchiv zur leichteren Beilegung erneuter Klagen zeigt, daß man eine Urkunde für genügend hielt, einen Streit zu schlichten, während doch die wiederholten Klagen beweisen, daß die Sache nicht in ausreichendem Maße erledigt worden war.

III. Wir sehen dann aus 15 Diplomen, welche fast die ganze Regierungszeit Ludwig d. Fr. umfassen, daß bei Klagen am Königshofe je nach der Wichtigkeit des Falles Männer zur Untersuchung an Ort und Stelle abgesandt werden, die für den gegebenen Fall mit einem Spezialmandat, einem Indiculus inquisitionis, versehen sein mußten. Einfache Vasallen treten hier neben den kaiserlichen Beamten als Abgesandte mit gleicher Berechtigung auf.

IV. Der Auftrag, den Kaiser Ludwig seinen Abgesandten giebt, lautet auf eine sorgfältige Untersuchung unter Herbeiziehung glaubhafter Leute, deren Aussage eidlich bekräftigt wird. Die Beweisaufnahme erfolgt nach Amtsrecht und der Kaiser entscheidet auf Grund der Aussage, ohne daß die angeklagte Partei vor ihm erscheint. Während in der vorigen Periode das Gerichtszeugnis in dem Königsgericht selbst dem Zeugnis nach Volksrecht gegenüber bereits eine Weiterentwickelung des Amtsrechts bezeichnete, ist dasselbe jetzt schon voll und ganz als Beweismaterial eingetreten. Der Kläger erscheint noch selbst am Königshof, das Interesse des Angeklagten aber wird allein durch den Bericht der kaiserlichen Abgesandten wahrgenommen.

V. Bei den Untersuchungen über das Königsgericht ist bisher die Zeit der Karolinger als ein einheitliches Ganzes aufgefaßt worden. Wir sehen unter Karl d. Gr. und Ludwig d. Fr. neue Elemente in das deutsche Rechtsleben eintreten, welche in rascher und stetiger Entwickelung eine Ausbreitung der Machtsphäre des Kaisers herbeiführen und das Volksrecht zurückdrängen. Die uns erhaltenen Diplome aus der ersten Hälfte des 9. Jahrhunderts zeigen eine abweichende Auffassung der gerichtlichen Thätigkeit am Königshof gegen das 7. und 8. Jahrhundert, und wenn gleichzeitig die Urteile des Königsgerichts fast ganz verschwinden, so werden wir es mit dieser neuen Erscheinung in Verbindung zu bringen haben.

Zweites Kapitel.

Die Placita des Kaisers Karl des Großen und Ludwig des Frommen.

Die Diplome haben uns ein mannigfaches Bild gerichtlicher Thätigkeit vorgeführt. Sie konzentrieren sich aber auf die Regierung Ludwigs d. Fr. Im umgekehrten Verhältnis stehen die uns erhaltenen Placita. Von Karl d. Gr. als Kaiser sind uns zwei Placita erhalten, während für Ludwig d. Fr. kein unzweifelhafter Beweis für die Abhaltung eines Placitum vorliegt.

Als Kaiser Karl 801 von Rom zurückkehrte, saß er in Bologna[1] mit den geistlichen und weltlichen Großen zu Gericht. Der Bischof von Bologna trat damals gegen den Abt von Nonantula auf und erhob Ansprüche auf eine Kirche, welche der Abt, wie er behauptete, ihm entrissen. Der Abt war zur Stelle und erklärte, König Aistulf hätte den Platz dem Kloster geschenkt, mit Genehmigung des Bischofs von Bologna sei dann die Kirche von ihm hier erbaut worden. Er wies zum Beweis auch eine Schenkungsurkunde des Königs vor. Als der Bischof trotzdem auf seinem Recht beharrte, erwiderte der Abt, daß das Kloster nur den Besitz der Kirche beanspruche, die Jurisdiktion aber dem Bischof zustände, daß somit den Bestimmungen des Konzils von Chalcedon, welches auch von Benedict in seine Ordensregel als zu Recht bestehend aufgenommen war, entsprochen sei. Daraufhin erging das Urteil des Königsgerichts, dem Bischof solle die Jurisdiktion, dem Abt aber der Besitz der Kirche verbleiben.

Der Prozeß bewegt sich ganz in den ältesten Formen des Königsgerichts: die Parteien treten selbsthandelnd auf, die Königsurkunde gilt als vollgültiger Beweis und das Königsgericht spricht das Urteil auf Grund der während der Unterhandlung gewonnenen Überzeugung. Eine Verbindung der Formen des Volksrechts und Amtsrechts, wie sie für die Rechtsprechung am Königshofe charakteristisch ist, tritt uns also hier entgegen.

Ein Gleiches gilt von einem Placitum Karls d. Gr. aus dem Jahre 812.[2] Vor dem Kaiser erschien in Aachen ein Mann mit Namen Salacus und verkündete, Tingulfus habe ihm Bürgen gestellt, daß er binnen 42 Nächten vor dem Kaiser erscheinen würde, um Rede und Antwort zu stehen. Salacus hatte drei Tage dem Gesetz gemäß auf den Tingulfus bis zum Sonnenuntergang gewartet und stellte nach Ablauf dieser Frist

---

[1] Tiraboschi, Nonantula 2, 34.   [2] Bouquet 5, 776.

das Ausbleiben desselben gerichtlich fest. Da Tingulfus weder vor Gericht
erschienen, noch das Ausbleiben desselben durch einen gesetzlichen
Hinderungsgrund entschuldigt worden war, so erging von dem Königsgericht in contumaciam das Urteil, welches Tingulfus als ungehorsam
gegen das Gesetz, also gegen das Volksrecht, erklärte. Der ordentliche
Richter wurde durch einen indiculus de judicio evindicato zu exeku-
torischen Maßregeln aufgefordert. Als Richter werden sieben Grafen,
der Pfalzgraf und vier Große, deren Stellung nicht näher bezeichnet
ist, angegeben, auch ein Umstand ist angedeutet durch „vel reliquis
quamplures". Der Kaiser erläßt sodann den Ausführungsbefehl, wonach
Tingulfus nach Volksrecht seine Schuld zu büßen habe. Es ist ein
Kontumazialverfahren[1], wie wir es vor 120 Jahren unter den Merowingern kennen gelernt haben, nur mit dem Unterschied, daß, wie
früher nachgewiesen, die Urkunden jetzt aus der Kanzlei des Pfalzgrafen
selbst hervorgehen, ein Zeugnis über den Verlauf des Prozesses also
schon in der Ausfertigung der Urkunde selbst liegt und nicht mehr
besonders hervorgehoben zu werden braucht.

Mit dem Kontumazialverfahren der Lex Salica sind wir in das
Königsgericht eingeführt worden. Ein Übergang ist aus dem Edikt
Chilperichs erkennbar, und besonders darin, daß durch Heranziehen der
Rachimburgen vor den König das Gerichtszeugnis für die Zeugen des
Volksrechts eintrat. In der Zeit, von welcher wir hier handeln, bietet die
Königsurkunde allein den Beweis, daß der Kläger alle gerichtlichen Formen
erfüllt hat, und ermächtigt sie den Grafen, gegen den Beklagten vorzugehen.

Das Kontumazialverfahren führt schon in der Lex Salica und dem
Edikt Chilperichs vor den König. Die Wichtigkeit desselben zeigen auch
die uns darüber erhaltenen Formeln. Eine Formel Marculfs[2] entspricht
dem Placitum Chlodovechs III. vom Jahre 692 und 693. Es ist dies
die Vorlage für die Urkunde, welche der Partei ausgestellt wurde. Hierzu
bildet eine andere Formel[3] den Indiculus de judicio evindicato, welcher
dem Grafen des betreffenden Gaues den Ausführungsbefehl übermittelt.
Beide Formeln behandeln, wie aus dem teilweise wörtlichen Überein-
stimmen derselben erhellt, denselben Fall. Hierzu tritt eine Formel aus
der älteren Karolingerzeit[4], welche sich durch den Mangel des pfalz-

---

[1] Das Kontumazialverfahren am Königsgericht erkennt in der ganzen Periode
die Volksrechte an durch den ausdrücklichen Hinweis auf lex loci, vgl. Sohm, Reichs-
und Gerichtsverf. S. 134. Es ist hier von einem Aufdrängen des salisch-fränkischen
Rechtes nicht die Rede, wie dies Sohm, Fränk. und Röm. Recht S. 14, anzunehmen scheint.
[2] Roz. 444 (Marc. 1, 37).   [3] Roz. 445 (Sirm. 30).
[4] Roz. 443 (App. Marc. 38).

gräflichen Zeugnisses deutlich von den Formeln der Merowingischen Zeit unterscheidet. Zu der Ladung durch schriftlichen Befehl des Königs kommt hier noch die Ladung durch das königliche Siegel. Beide Formen nebeneinander werden in dieser Weise in einem Kapitular vom Jahre 809 aufgeführt.[1] Dieser Formel entspricht die Placita-Urkunde Karls d. Gr. vom Jahre 812, und wir können hier das „a fidejussoris datus habuisset" ergänzen durch das „ob hoc vobis per nostra ordinatione tales datus habuisset fidejussores" der Merowingischen Formel.[2] Zum Vergleich können wir noch eine andere Formel heranziehen[3], welche sich durch das „sic acta vel perpetrata cognovimus" als karolingisch erweist, gegenüber dem „testimoniare" der Merowingischen Formel; nur liegt hier kein Kontumazialverfahren vor, denn der Beklagte hatte vor dem König ein förmliches Beweisgelöbnis abgelegt. Derselbe erschien nämlich nicht im nächsten Placitum des Königs den gelobten Eid abzulegen, und wurde der Prozeß deshalb zu Gunsten des Klägers endgültig entschieden. Nach Namen und Titel im Eingangsprotokoll stammen diese Formeln zwar nicht aus der Kaiserzeit, doch wissen wir, daß umfassendere und durchgreifende Abänderungen der Formeln erst unter Ludwig d. Fr. stattfanden.[4] Wir können somit annehmen, daß Karl d. Gr. da, wo es sich darum handelte, einen Verächter des Gesetzes zu beugen, selbst zu Gericht saß.

Für die Placita unter Ludwig d. Fr. sind wir auf wenige Nachrichten beschränkt. Die Urkunde, welche in den Monumenta Boica unter dem Jahre 823[5] als unter Ludwig II. erneuert aufgeführt ist, hat Dümmler dem Inhalt nach als gefälscht nachgewiesen. Sickel[6] nimmt an, daß eine echte Urkunde Ludwig d. Fr., die nachher vernichtet wurde, zu Grunde liege. Nach derselben waren nach dem Tode Karls d. Gr. von dem Markgrafen der Kirche von Passau Besitzungen entrissen worden. Der Bischof forderte den Markgrafen und die Beamten desselben vor den Kaiser. Hier wurden in öffentlicher Gerichtssitzung die entrissenen Besitzungen dem Bischof zugesprochen. Folgen wir Sickel, so liegt hier jedenfalls ein wichtiger Fall zur Entscheidung vor, eine Klage gegen einen Markgrafen und seine Beamten, unter denen

---

[1] L.L. I, 156, Cap. Aquisgran. a. 809: si cum sacramentales homines cum ipso (ad palatium) venire renuerint, jussione dominica cum indiculo aut sigillo ad palatium venire cogantur.
[2] Roz. 444. [3] Roz. 454 (Lindenbr. 169).
[4] Sickel, Lehre von den Urkunden der ersten Karolinger §. 55; Vita Ludovici auct. Thegano, SS. 2, 593.
[5] Mon. Boica 30, 381; Dümmler im Archiv für Österr. Gesch. Quellen 10, 76.
[6] Urkundenlehre der Karol., II. Band, Anmerkung zu L. 200.

wir wohl die unter ihm vereinigten Grafen zu denken haben. Jedoch
läßt sich nicht bestimmen, ob der Kaiser nur öffentlich zu Gericht gesessen und zwischen den Parteien entschieden hat, oder ob hier an ein
förmliches Placitum mit Beisitzern zu denken ist. Weiter führt Böhmer
in seinen Karolingerregesten ein Placitum an, welches Sickel als ver-
derbt nachgewiesen hat.[1] Danach soll im Jahre 838 ein Streit zwischen
Gozbert und dem Abt Hraban von Fulda vor dem Kaiser, seinen beiden
Söhnen Ludwig und Karl und den Fürsten zu Gunsten Hrabans entschieden worden sein. Gozbert wurde durch Urkunde und Zeugen überführt und gab auf Befehl des Kaisers die streitigen Güter zurück; der
Fälscher nahm also an, daß der Kaiser öffentlich zu Gericht gesessen
habe. Von einem Urteil der Großen ist auch hier nicht die Rede.

Eine Aufklärung dieser Verhältnisse geben zwei Formeln aus der
Carpentierschen Sammlung, welche wahrscheinlich in den Jahren 828
bis 832 entstanden ist.[2] Die erste Formel[3] enthält eine Angabe, wonach
wir die Entstehungszeit der zu Grunde liegenden Urkunde bestimmen
können. Die Narratio nennt nämlich Pippin als Großvater, weist also
auf Ludwig d. Fr. und wird dann weiter das 10. Jahr der Regierung
Ludwig d. Fr. angeführt. Da derselbe den 28. Januar 814 zur Regierung
kam, ergiebt sich das Jahr 823. Diese Formel zeigt verschiedene Abweichungen von der nun über 165 Jahre hin verfolgten Formel für die
Placita. Zunächst steht in der Narratio dem: „Cum nos in Dei nomine
ad universorum causas audiendum . . . . residerimus" gegenüber: „cum
in Dei confidentes nomine atque adjutorio . . . propter quasdam . . .
utilitates . . . ordinandas resideremus", in der Dispositio heißt es nicht:
„Proinde nos taliter una cum fidelibus nostris visi fuimus judicasse",
sondern: „Cumque hujus facti ordinem a praedicto homine nobis exposi-
tum cognovimus, placuit nobis". Daran schließt sich: „Quapropter et
hoc nostrae auctoritatis praeceptum . . . . dari jussimus", und „Praecipientes ergo jubemus" nebst der Corroboratio. Die Formel erfüllt alle
Bedingungen der Placita-Urkunde, läßt aber alles aus, was auf ein förmliches Königsgericht des Kaisers mit Beisitzern schließen ließe. Es
handelt sich dabei um die Klage eines Mannes, welcher widerrechtlich
durch einen Grafen seine Freiheit verloren hatte und dieselbe vom Kaiser
wieder erhielt. Die zweite Formel[4] führt Karl d. Gr. als Vater an und
weist somit unzweideutig auf Ludwig d. Fr., giebt aber keinen Anhalt
für eine nähere Zeitbestimmung. Die Inscriptio ist die der Diplome;

---

[1] Böhmer Reg. 484, Sickel a. a. O. II. 368, gedruckt bei Schannat Trad.
Fuld. 434.

[2] Sickel, Urkundenlehre, I, §. 44.   [3] Roz. 446 (Carpent. 44).

[4] Roz. 451 (Carpent. 40).

der weitere Wortlaut entspricht aber den Formen einer Placita-Urkunde. Folgendes läßt sich aus derselben feststellen. Als Ludwig in gewohnter Weise seine große Versammlung abhielt, erschien vor ihm der Advokat eines Klosters und klagte einen kaiserlichen Vasallen an, dem Kloster Besitzungen entrissen zu haben. Er erbot sich durch Zeugen die Richtigkeit seiner Klage zu erweisen. Der Kaiser schickte einen Abt und zwei Grafen zur genauen Untersuchung der Sache ab, welche die Aussage des Klostervogtes bestätigten. Bis hierher entspricht die Formel ganz dem Verfahren, welches uns aus Diplomen Ludwig d. Fr. bekannt ist. Der kaiserliche Vasall und der Klostervogt beruhigten sich aber nicht bei dem Bericht der Missi des Kaisers, und dieser beschloß darauf, den Streit durch ein Urteil, „certo quodam judicio", zu beenden. Da tritt der Graf Matfrid, unter dem das Kloster stand, auf, und zeigt eine Schenkungsurkunde König Lothars sowie ältere Urkunden fränkischer Könige vor. Nachdem diese vor dem Kaiser verlesen waren, erklärte dieser das Kloster als in seinem Recht, und wurde von Herzögen und Grafen, welche in diesem Prozeß die Untersuchung angestellt hatten, das Urteil gefällt, daß dem Grafen Matfrid oder dem Vogt des Klosters die Besitzungen wieder förmlich vom Beklagten übertragen werden sollten. Auf Bitten des Grafen Matfrid befiehlt der Kaiser die Ausfertigung einer Urkunde und schließt die Formel mit der Corroboratio. Form und Inhalt dieser Formel sind ein Mittelding zwischen Diplom und Placitum. Die Klage sollte durch ein einfaches Diplom entschieden werden, der fortdauernde Widerstand des Beklagten machte die Einleitung eines förmlichen Urteils nötig, bis wieder die Dazwischenkunft des Grafen Matfrid dies eigentlich als unnütz erwies. Da aber ein Verfahren vor den Kaiser einmal eingeleitet war, wurde es im Sinne des Kaisers zu Ende geführt.

Bringen wir diese beiden Formeln in Verbindung mit den andern Formeln aus der Zeit Ludwig d. Fr.[1], welche uns in der Carpentierschen Sammlung erhalten sind und die früher bei den Diplomen zur Sprache kamen, so ergiebt sich ein ähnliches Verhältnis wie bei den erhaltenen Urkunden; es überwiegen die Formeln für Diplome wie die Diplome selbst in dem uns erhaltenen urkundlichen Material, und Urkunden wie Formeln geben kein einziges reines Beispiel eines Placitums unter Ludwig d. Fr. Jedoch finden wir, daß Ludwig d. Fr. nach dem Vorbild seines Vaters in politischen Prozessen die Thätigkeit der Großen im Königsgericht in Anspruch nahm.[2]

[1] Roz. 452 (Carpent. 42); Roz. 449 (Carpent. 43); Roz. 447 (Carpent. 48); Roz. 450 (Carpent. 49).
[2] Vergleiche für das Folgende: Simson, Jahrbücher des fränkischen Reiches unter Ludwig d. Fr. I. Bd. Leipzig 1874.

Im Jahre 817 empörte sich der Neffe des Kaisers Ludwig d. Fr., Bernhard, König von Italien, der Sohn König Pippins, der im Jahre 814 auf dem Reichstag zu Aachen dem Kaiser als Vasall gehuldigt und Treue geschworen hatte, wahrscheinlich, weil er sich durch die Teilung des Reiches von diesem beeinträchtigt fühlte und durch Einflüsterungen seiner eigenen Umgebung aufgestachelt wurde. Der Kaiser brach mit großer Heeresmacht von Aachen nach Châlons-sur-Saône auf. König Bernhard mit seinem Anhang ergab sich der Übermacht. Vor den Kaiser geführt, legte er hier ein umfangreiches Geständnis ab und wurde mit seinen Genossen in Haft genommen. Die Gefangenen wurden nach Aachen gebracht und dort über sie auf einem Reichstag, der vom Kaiser nach Ostern des Jahres 818 berufen worden war, Gericht gehalten. Nach einem Verhör, welches die Verschwörung ans Licht brachte, verurteilte das Königsgericht[1] „judicio Francorum", oder wie der Kaiser selbst sagte[2], „juxta procerum nostrorum seu cunctae nobilitatis Francorum generale judicium", den König und die weltlichen Großen zum Tode. Die geistlichen Großen wurden von der Synode ihres Amtes entsetzt und dann von dem Kaiser in die Verbannung geschickt. Der Kaiser milderte die Strafe König Bernhards in Blendung, an deren Folgen er nach zwei Tagen erlag; ebenso wurden noch die Großen Accideus, Reginhard und Reginher geblendet, und starb von diesen der letztere gleichfalls an den Folgen der Exekution.

Auf der Reichsversammlung zu Aachen im Jahre 820 kam eine Anklage gegen den Grafen Bera von Barcelona, einen Goten, zur Verhandlung, der unter König Ludwig von Aquitanien im Jahre 801 eingesetzt worden war. Schon lange von den benachbarten Grafen der spanischen Mark des Treubruchs beschuldigt, wurde er von dem Grafen Sanila, ebenfalls einem Goten, vor der Reichsversammlung offen des Hochverrats angeklagt, wahrscheinlich wegen Einverständnisses mit den Sarazenen. Bera leugnete seine Schuld und verlangte Entscheidung durch Gottesgericht[3] nach gotischem Recht im Kampf zu Roß mit gotischen Waffen, Wurfspieß und Schwert. Der Kläger ging hierauf ein. Das Königsgericht entschied gleichfalls auf Gottesgericht „judicioque dato Francorum ex more vetusto."[4] Ermoldus schildert den Zweikampf in dem Brühl oder Tiergarten in der Nähe der Pfalz von Aachen, der von Wall und Steinmauer eingefaßt war. Die Grafen Bera und Sanila eilten

---

[1] SS. I, 204, 208. Einhardi Ann. a. 818 und a. 821. Chron. Moissac. a. 817. SS. I. 312.   [2] Rozière 1, 40.

[3] Ermoldus Nigellus l. III v. 553—618 (SS. II, 500); Vita Hludorici c. 33 (SS. II, 625).

[4] Ermold. Nigell. v. 568.

in den Zwinger, bestiegen die Rosse und erwarteten, die Wurfspeere in der Hand, die Schilde auf dem Rücken, den Befehl des Kaisers zum Beginn des Kampfes. Sehr lebhaft führt der Dichter aus, wie Hofleute, mit Schilden versehen, sich auf Befehl des Kaisers aufstellten, um den Besiegten dem Tode zu entreißen. Auch die Bahre, die dazu bestimmt war, den Leichnam des Erliegenden aufzunehmen, wurde hingesetzt. Der Kaiser gab das Zeichen zum Kampfe. Nach hitzigem Zusammenstoß wandte Bera sein Roß zur Flucht, Sanila folgte und traf Bera mit dem Schwert, die Hofleute eilten herbei, den Besiegten vom Tode zu erretten. Das Königsgericht[1] verurteilte ihn zum Tode als des Hochverrats überwiesen, der Kaiser aber begnadigte ihn zur Verbannung und ließ ihm seine eigenen Besitzungen. Hier liegt es nahe, den Bericht über das Gottesgericht, welches uns in dem Leben des heiligen Austregisil aus der Zeit König Gunthrams erhalten ist[2], zur Vergleichung heranzuziehen. Auch da waren alle Einzelheiten der Vorbereitung zum Zweikampf anschaulich beschrieben, doch trat dort allein der König handelnd auf, nirgends war von den Großen des Reiches, die hier eine so wichtige Rolle spielen, die Rede.

Auf dem Reichstag zu Nimwegen im Jahre 830 hatte Kaiser Ludwig d. Fr. die Empörer in Gewahrsam genommen und zu ihrer Bestrafung den Reichstag bestimmt, der nach Aachen auf Anfang Februar des Jahres 831 berufen wurde. Zu Nimwegen wurde auch von der Reichsversammlung, also im Königsgericht[3], „ab omnibus episcopis, abbatibus, comitibus ac ceteris Francis judicatum est", das Urteil abgegeben, daß die Kaiserin Judith vor den nächsten Reichstag geladen werden sollte, um dort zu prüfen, ob sie des ihr vorgeworfenen Ehebruchs schuldig. Es wurde bestimmt, daß sie, falls ein Kläger auftrete, verpflichtet sei, sich gesetzlich zu rechtfertigen, oder dem Urteil des Königsgerichts, „judicio Francorum", sich zu unterziehen habe. Anfang Februar des Jahres 831, auf der Reichsversammlung zu Aachen, wurden die Empörer des vergangenen Jahres aus der Haft vorgeführt und von den Söhnen des Kaisers und allen Richtern[4], „omnes juris censores filiique imperatoris judicio legali", wegen Hochverrats zum Tode verurteilt. Die Annales Bertiniani führen das gesamte Volk an[5], welches dem Spruch der Söhne des Kaisers beistimmte, „primumque a filiis ejus ac deinde a cuncto qui aderat populo judicatum est". Wir haben es also nur mit einer andern Fassung desselben Vorganges zu thun. Der Kaiser begnadigte die Ver-

---

[1] Einhardi Ann. a. 820 (SS. I, 207).   [2] Vgl. oben S. 17.
[3] Ann. Bertiniani a. 830 (SS. I, 424).
[4] Vita Hludovici c. 45 (SS. II, 625).
[5] Ann. Bertiniani a. 831 (SS. II, 424).

urteilten zu Verbannung und Haft.   Darauf erschien auch die Kaiserin,
welche der Kaiser feierlich aus dem Kloster der heiligen Radegunde von
Poitiers hatte herbeiholen lassen, vor der Reichsversammlung.[1]   Sie erklärte sich bereit sich wegen aller Anschuldigungen zu rechtfertigen.
Trotzdem aber auf eine Anfrage hin kein Kläger gegen sie auftrat, mußte
sie sich doch nach dem Urteil des Königsgerichts, „secundum judicium
Francorum", durch einen Eid reinigen, bei dem ihre Verwandten ihr
als Eideshelfer dienten.

Resultate des zweiten Kapitels.

I. Bei dem Bericht der zwei Placita-Urkunden, welche uns von Karl
d. Gr. als Kaiser erhalten sind, kehrte Karl d. Gr., wie die erste derselben uns bezeugt, von der Kaiserkrönung, umgeben von seinen Großen,
zurück.   Er konnte in Italien seine neue Machtstellung nicht besser
dem Volke kund thun, als wenn er in feierlicher Sitzung Gericht hielt.
Besonders wichtig mußte es sein, daß auch die Kirche seinem Richterspruch sich fügte.   Den Verächter des Gesetzes aber zu zwingen, war,
wie wir gesehen, von jeher die Aufgabe des Herrschers.   Die Entwickelung
des Rechtes hatte dahin geführt, dem Kläger mehr und mehr zu seinem
Recht zu verhelfen.   Gerade hierin zeigte sich am deutlichsten der wohl-
thätige Einfluß des Königsgerichts als eines Billigkeitsgerichtshofes, des
jus aequum gegenüber dem jus strictum, welches den Verächter des
Gesetzes nur der Friedlosigkeit anheim zu geben vermochte.   Dieser
Thätigkeit hat sich Karl d. Gr. nach diesem wichtigen Zeugnis nicht
entzogen, und wie ernst ein solcher Fall aufgefaßt wurde, zeigt die
archaistische Form der Urkunde, welche sich ganz in den alten Formen
des Volksrechts hält, soweit es die leichtere Bewegung im Königsgericht zuläßt.

II. Schwieriger ist die Frage nach den Placita Ludwig d. Fr.   Es
liegen überhaupt nur vier Urkunden und Formeln vor, welche Anhaltspunkte geben, und darunter kein einziges beglaubigtes und datiertes
Placitum, gegenüber 30 Diplomen, deren Wortlaut ein Königsgericht
unter Vorsitz des Kaisers ausschließt.   Hier kommen wir nach den
erhaltenen Quellen zu der Überzeugung, daß Ludwig d. Fr. die von
seinem Vater eingeschlagene Richtung weiter verfolgte und auf dem
Gebiet der Civiljurisdiktion aus eigener Machtvollkommenheit entschied,
ohne ein förmliches Königsgericht heranzuziehen.

III. Die Ergebnisse, welche wir für das Königsgericht gewonnen
haben, übertragen wir nicht mehr auf die ganze Zeit der Karolinger,

---

[1] Ann. Bertiniani a. 881 (SS. I, 424).

sondern nehmen an, daß in der Civiljurisdiktion Karl d. Gr. als Kaiser nur noch in wichtigen Fällen das Königsgericht berief, Ludwig d. Fr. aber die Civiljurisdiktion dem Einfluß der Großen des Reiches entzog, wie dies mit den Resultaten übereinstimmt, die wir aus den Diplomen gewonnen haben. Das Zurückweichen der Thätigkeit der Großen im Königsgericht auf dem Gebiet der Civiljurisdiktion — für Kriminaljurisdiktion haben wir hier keine Anhaltspunkte — wird bestärkt durch ein neues Gebiet, welches für die Thätigkeit der Großen des Reiches sich in den politischen Prozessen eröffnete. Diese Entwickelung nahm ihren Ausgang besonders in dem großen Prozeß gegen Tassilo, und ist sie in der Geschichtsschreibung auch fernerhin nachweisbar.

Drittes Kapitel.

Die Entwickelung des Königsgerichts unter den Karolingern nach Ludwig dem Frommen.

Unter den folgenden Karolingern treten uns in den Diplomen zunächst dieselben Verhältnisse entgegen, wie unter Kaiser Karl d. Gr. und Ludwig d. Fr. Wir finden Diplome mit Entscheidungen der Herrscher, ohne daß eine förmliche gerichtliche Thätigkeit erwähnt wird. Im Jahre 857 trägt der Erzbischof von Mailand dem Kaiser Ludwig II. vor[1], daß einem seiner Diakonen, wegen Tötung seines Bruders ein Besitztum überwiesen und von Lothar I. durch Urkunde bestätigt worden sei. Der Kaiser erkennt an, daß einige Leute den Diakon vor ihm wegen dieses Besitztums verklagt hätten, daß derselbe aber in dem Prozeß als Sieger hervorgegangen sei und darüber eine Urkunde erhalten habe. Auf Bitten des Erzbischofs bestätigte der Kaiser die Urkunde seines Vaters, sowie seine eigene, und setzte eine namhafte Geldstrafe, wovon die Hälfte dem Fiskus, die andere Hälfte dem Diakon oder seinen Erben zufallen sollte, auf Übertretung dieser Vorschrift. Im Jahre 858 klagte der Bischof von Worms[2] über die königlichen Beamten, mit denen er in Streit lag wegen Besitzungen, welche die Beamten dem Fiskus zusprechen wollten. Der Bischof wies eine Urkunde Karl d. Gr. vor, worin derselbe die Schenkung des streitigen Gebietes durch König Dagobert bestätigte. Ludwig der Deutsche bestätigte sodann, auf die

---

Bitte des Bischofs, diese Urkunde. Der Abt von Prüm wandte sich im Jahre 870 an König Ludwig[1], weil dem Kloster Besitzungen wieder von dem Neffen dessen, der dieselben dem Kloster geschenkt hatte, entzogen werden sollten. Der König nahm sich des Abtes an, zog den Beklagten zur Rechenschaft, und da derselbe seinen erhobenen Anspruch nicht nachweisen konnte, mußte er in Gegenwart des Königs die Besitzungen dem Kloster zurückgeben, worüber dann eine Urkunde ausgestellt wurde. Bei König Karlmann beklagt sich der Bischof von Lucca[2], daß ihm einige Kirchen entrissen worden seien. Der König giebt dem Bischof die Kirchen mit ihrem gesamten Besitz zurück und setzt in dem Diplom, welches darüber erteilt wurde, eine Geldstrafe, welche zur Hälfte der Kirche, zur Hälfte dem Fiskus zufallen sollte, auf Übertretung dieser Entscheidung. Lothar I. entschied im Jahre 835[3] eine Klage über Dienstleistungen der Geistlichen von Cremona an den Staat zu Gunsten derselben, nachdem er sich vorher durch einen Grafen und zwei hohe Hofbeamte von der Richtigkeit der Sachlage überzeugt hatte. Ludwig d. D. sandte im Jahre 875[4] auf Grund einer Klage gegen den Grafen Gerold, welcher Besitzungen dem Kloster von St. Gallen entrissen hatte, die demselben geschenkt worden waren, seine Missi zur Untersuchung dieser Angelegenheit ab. Wir können hieraus entnehmen, daß auch Entscheidungen des Königs auf Grund der Berichte von Missi noch in Geltung blieben. Eine erweiterte Anwendung des Gerichtszeugnisses läßt sich in Burgund nachweisen. Im Jahre 908 erhob der Bischof von Lausanne[5] vor König Rudolf dem Fiskus gegenüber Ansprüche auf einen Wald. Der König schickte seine Missi, Jäger und andere Ministerialen ab zur Untersuchung der Klage. Auch der Bischof erschien vor den Missi, und nach genauer Untersuchung wurde ihm förmlich der Besitz des Waldes zugesprochen. Noch einmal bat der Bischof in derselben Sache den König um ein Urteil nach Volksrecht. Wiederum entsandte der König einen Jäger, um ein Gottesurteil in der Sache entscheiden zu lassen. Ein Unfreier wurde zum Gottesurteil des glühenden Eisens verurteilt, und fiel die Entscheidung zu Gunsten des Bischofs aus. Die gerichtliche Aufzeichnung darüber ist erhalten, und wahrscheinlich dann durch ein königliches Diplom bestätigt worden.

In Bezug auf die Placita unter den späteren Karolingern können wir zunächst auf ostfränkischen und lothringischen Gebiet nur eine

---

[1] Houtheim 1. 211.   [2] Ughelli, Italia sacra 1, 798.
[3] Muratori, Ant. 2, 61.   [4] Neugart, Cod. dipl. Alem. 1, 393.
[5] Zapf, Mon. 1, 37.

Weiterentwickelung der Verhältnisse verfolgen, wie wir dieselben unter
Ludwig d. Fr. gefunden haben.

Der Bischof von Lyon beklagte sich bei Lothar II.[1], daß auf betrügerische Weise seiner Kirche Güter entwendet worden seien. Unter
dem Beirat seiner Großen, „una cum consensu procerum nostrorum“,
entsandte der König einen Grafen, der den Auftrag erhielt, die Sache
zu untersuchen. Der Missus berichtete, daß die Klage des Bischofs
gerechtfertigt sei. Durch Urkunde ließ der König die Güter der Kirche
zurückstellen und beendete so den Streit wie es Recht und Gesetz verlangten. Später beklagte sich der Verurteilte, daß ihm unrecht geschehen sei, da er eine Urkunde Kaiser Lothars besäße und er die
Güter rechtmäßig in seinen Besitz gebracht hätte. Um die Sache vollständig aufzuklären, entsandte der König nochmals einen seiner Vasallen,
der den Auftrag erhielt, durch glaubwürdige Leute nach Ablegung des
Eides den Thatbestand festzustellen und eine genaue Aufnahme der
streitigen Güter vorzunehmen. Der Beschluß hierzu erfolgte auf Rat
des Königs Karl des Kahlen, Karls von Burgund, sowie der lotharingischen
Großen. Der Missus kehrte mit dem geforderten Bericht zurück. Der
nunmehrige Kläger erschien aber nicht auf dreimalige Ladung, so daß
angenommen wurde, er hätte durch seine Klage nur einen Aufschub
erhalten wollen. Der Bischof beharrte auf seinem Anspruch, und es
erging darauf nach Abstimmung und Beschluß der Vasallen des Königs
das Urteil, daß dem Bischof die Güter zurückzuerstatten wären. Das
Diplom schließt mit dem Ausführungsbefehl und der Corroboratio. Wir
haben hier eine längere gerichtliche Verhandlung vor dem König, worin
dreimal die Thätigkeit der Großen erwähnt wird, denn die Anführung
der Könige ist nur Höflichkeitsformel. Zuerst wird ein Rat der Großen
und sodann bei der Klage gegen den ersten Entscheid ein Votum und
Dekret derselben angeführt. Das Diplom selbst ist ganz frei angefertigt,
und nur der Schluß erinnert an eine Placita-Urkunde.

In ebenso freier Weise bewegt sich die richterliche Thätigkeit Ludwig des Deutschen nach zwei Diplomen. Im Jahre 848 beklagte sich
der Bischof von Osnabrück[2], daß sein Bistum durch den Grafen Cobbo
und Bischof Gozbert in Bezug auf den Zehnten beeinträchtigt worden
sei. Der König habe nämlich das Bistum den Genannten anvertraut,
als ein früherer Bischof wegen Untreue gegen Ludwig d. Fr. und Meineid
abgesetzt und entflohen war. Der König lud, da er angab, diese Beschwerde nicht allein entscheiden zu können, den Bischof und seine
Gegner vor den Reichstag zu Frankfurt. Hier zeigte der Bischof in

---

[1] Bouquet 8, 411, ca 860.   [2] Möser, Osnabr. Gesch., Urk. 1, 11.

Gegenwart der Vasallen des Königs eine Urkunde Karls d. Gr. vor, laut welcher dieser auf den Vorschlag des Papstes Hadrian das Bistum gegründet und mit dem Zehnten ausgestattet habe. Darauhin wurde vom König die Beschwerde durch Ausstellung einer Immunitätsurkunde beigelegt. Im Jahre 854 schlichtete Ludwig der Deutsche[1] einen Streit zwischen dem Bischof von Konstanz und dem Kloster St. Gallen, der schon unter Pippin, Karl d. Gr. und Ludwig d. Fr. im Verein mit ihren Vasallen ausgetragen worden war, indem er mit seinen Vasallen, den Bischöfen, Äbten und Grafen beschloß, von den Besitzungen des Klosters einige an das Bistum Konstanz zu übertragen. Diese Besitzungen wurden in dem Diplom namentlich aufgeführt. Für den Zehntenstreit des Klosters Fulda hat man wahrscheinlich im 11. Jahrhundert Fälschungen von Urkunden vorgenommen.[2] Auch dazu hatte man eine Vorlage benutzt[3], welche der Thätigkeit der Fürsten in ähnlicher Weise wie die vorhergehenden Diplome, gedenkt als „concordantibus predictis episcopis, comitibus, omnique conventu", nur aufgeputzt mit einer Menge Namen, um die Feierlichkeit zu erhöhen. Jedoch schließt sich auch diese Fälschung nicht an die Vorlage eines Placitum an, gewiß ein Zeichen, daß nicht viele derselben erhalten waren.

Diese Form der gerichtlichen Entscheidung hat, nach einem Diplom König Arnulfs vom Jahre 893[4], auch noch später gegolten. Der Bischof von Toul hatte sich der feindlichen Partei angeschlossen, und Arnulf hatte ihn deshalb auf den Rat, „consultu fidelium nostrorum", einige Besitzungen und Abteien entzogen, die er demselben sodann durch das vorliegende Diplom, nachdem er Verzeihung erbeten und erlangt hatte, wieder zurückstellte.

„Consultu, in praesentia fidelium nostrorum, placuit nobis et nostris fidelibus" ist alles, was wir für Ostfranken und Lothringen über die gerichtliche Thätigkeit der Großen am Königshof nachweisen können. Das würde allerdings gegen die Zeit Ludwig d. Fr. eine vermehrte Thätigkeit der Großen ergeben, die sich aber noch nicht in den festen Formen des Königsgerichts früherer Zeit bewegt.

Klarer wird der Unterschied, wenn wir uns nach Westfranken wenden. Hier finden wir in zwei Placita-Urkunden Karl des Kahlen die alten Formen wieder auftreten, zugleich verbunden mit den Neuerungen, welche die Zwischenzeit ausgebildet hatte.

Von Karl dem Kahlen ist uns nämlich eine Urkunde aus dem Jahre

---

[1] Herrgott 2, 32.
[2] Harttung, Diplomatisch-histor. Forsch. Gotha 1879 S. 250: Bemerkungen über einige Karolingische Urkunden.
[3] Schannat, Dioc. Fuld. 239.   [4] Bouquet 9, 366.

861, welche ganz in dem Rahmen einer Placita-Urkunde gehalten ist, erhalten.[1] Als der König in Compiègne öffentlich zu Gericht saß, erschienen vor ihm Leute des Klosters St. Denis und beklagten sich, daß sie, die von Geburt freie Kolonen seien, von dem Mönch, dem sie unterstellt wären, mit Gewalt zu niedrigerem Dienst herabgedrückt werden sollten. Der Pfalzgraf richtete an den Mönch und die Verwalter des Gutes, von dem die Leute kamen, die Frage, was sie gegen die Klage anzuführen hätten. Diese erklärten, daß sie Zeugen zur Stelle hätten, welche bekunden würden, daß die Leute zur Zeit Ludwig d. Fr. und seiner Vorgänger Unfreie gewesen seien und mehr Dienste geleistet hätten als die meisten Kolonen. Acht Männer bezeugten dies und beschworen es auf die Reliquien. Darauf erfolgte der Urteilsspruch von dem König, acht Königsvasallen, Galenus und dem Pfalzgrafen Fulco, daß die Unfreien der Aussage des Verwalters gemäß ihren geringeren Dienst wieder antreten sollten, wie es der Mönch verlangt hatte. Auf Grund des Urteils wurde dann eine Urkunde ausgestellt, um den Streit für alle Zeit zu schlichten.

Hier sind nun alle technischen Ausdrücke für ein Placitum vereint: „Cum nos . . . ad universorum causas audiendas . . . resideremus ibique venerunt homines . . . proclamaverunt se . . . Tunc interrogavit comes palatii . . . quid contra . . . dicere . . . vellebant . . . Proinde nos una cum fidelibus nostris . . . visi fuimus judicasse . . . propterea dum ac causa sic acta . . . esse cognovimus . . . et sit inter eis in postmodum ex hac re sopita et definita . . causatio". Daß die Zeugen hier einen Versicherungseid nach Volksrecht ablegten, zeigt zugleich, daß es in dem Belieben des Königs lag, inwieweit er von seinem Recht Gebrauch machen wollte, denn kurz vorher unterbrach die Frage des Pfalzgrafen die Verhandlung der Parteien nach Amtsrecht, wie die ganze Art der Urteilsfindung dem Königsgericht entstammt.

Aus dem Jahre 863 ist der Prozeß in Vermeria erhalten, der sich einem geistlichen Schiedsgericht anschließt.[2] Ein Streit hatte sich zwischen dem Bischof von Le Mans und dem Abt des Klosters von St. Calais über die bischöfliche Jurisdiktion erhoben.[3] Auf Veranlassung des Papstes Nikolaus sollte derselbe auf dem Reichstag von Vermeria vor geistlichen Schiedsrichtern zum Austrag kommen. Bischof Rotbert entzog sich aber diesem Vergleichsversuch, indem er zu dem festgesetzten Termine nicht erschien. Die Reichsversammlung entschied darauf, daß der Prozeß durch die Vögte des königlichen Klosters und des Bischofs vor dem weltlichen

---

[1] Bouquet 8, 567.
[2] Vergl. Brunner, Zeugen und Inquisitionsbeweis ad. III, 1 das Königsgericht. Wiener SB. 51, 1865, Teil IV.
[3] Martene, Coll. 1, 169.

Gericht weiter geführt werden müßte, da das geistliche Schiedsgericht nicht zur Geltung gekommen sei. Der König übernahm darauf den Vorsitz im Gericht. Der Vogt des Bischofs klagte sodann gegen der Vogt des Klosters, der König enthalte widerrechtlich dem Bischof das Kloster, welches die Vorgänger desselben besessen hätten, vor. Durch Urkunden könne er dies beweisen. Der Klostervogt erwiderte, daß der König das Kloster von den fränkischen Kaisern ererbt hätte, dasselbe wäre bereits 300 Jahre ein königliches. Schon ein dreißigjähriger unbestrittener Besitz würde genügen. Darauf schritt der König zur Aufnahme des Beweises. Er vereidete drei Bischöfe und einen Grafen, welche schon zur Zeit Ludwig d. Fr. gelebt hatten. Diese sagten aus, daß der Vorgänger des Bischofs Rotbert das Kloster nur als Beneficium, aber nicht als Eigentum erhalten hätte. Der König befrug weiter auch den Vogt des Bischofs und einen Vasallen desselben. Beide sagten aus, daß die beiden Vorgänger des Bischofs das Kloster nur vorübergehend besessen hätten. Auf diese Erklärungen hin sprachen die Bischöfe, weltlich Großen und die übrigen Anwesenden das Kloster dem König zu. Der Vogt des Bischofs erklärte sodann, daß seine Ansprüche auf das Kloster nicht rechtmäßig wären, und übertrug auf das gesprochene Urteil hin freiwillig und förmlich das Kloster an den Klostervogt. Der König aber befahl nach 14 Tagen die Urkunden des Bischofs, welche sich als ungültig erwiesen hatten, zur Vernichtung vorzulegen. In der Urkunde über diesen Prozeß sind dann auch besonders die Teilnehmer am Gericht verzeichnet worden, nämlich 4 Erzbischöfe, 20 Bischöfe, 6 Äbte, 16 Grafen und 2 Namen ohne Titel.

Das Auftreten der Parteien, die Ausdrücke: „interpellare", „mali ordine contendere", „advocatus episcopi professus est . . . et justo omnium assistentium judicio easdem res warpivit" sind deutliche Anzeichen einer gerichtlichen Verhandlung; auch wird die Thätigkeit der Richter deutlich genug hervorgehoben durch: „His ita elucidatis reverendi antistites et nobilissimi proceres et ceteri assistentes apertissime cognoverunt, cognoscentesque affirmaverunt", wie wir dies seit dem Jahre 812, also seit 50 Jahren, nicht mehr nachweisen konnten. Die Aufnahme des Beweises durch den König selbst, das „interrogando adjuravit", die Vereidigung vor der Aussage als ein Wahrheitsversprechen zeigen uns den Inquisitionsbeweis als einen Ausfluß königlicher Macht gegenüber dem Verfahren nach Volksrecht. Fehlen auch einige technische Ausdrücke, besonders bei Abgabe des Urteils und am Schluß, wo an Stelle der Dispositio und Corroboratio die auffallende aber interessante Aufzählung der Beisitzer des Königsgerichts erfolgt, so erhalten wir doch ein klares Bild des ganzen Verfahrens.

Nach Italien werden wir geführt, wenn wir die weitere Ausbildung der königlichen Placita betrachten. Im Jahre 881 saß Karl der Dicke als Kaiser in Siena[1] mit einem Markgrafen, 8 Grafen, 5 Königsvasallen, 3 königlichen Richtern, einem päpstlichen Grafen und dem Umstand zu Gericht. Dort erschien vor ihm der Bischof von Arezzo mit seinen Vögten und beanspruchte acht Kirchen mit den dazu gehörigen Besitzungen gegen die Ansprüche des Bischofs von Siena. Er bat zugleich um Aufnahme des Inquisitionsbeweises über die streitigen Grenzen der beiden Bischofssprengel. Der Kaiser befahl geeignete Leute des Gebietes von Arezzo und Siena vor ihn zu führen. Es wurde die inquisitio testium[2] vorgenommen, wie dies die Kapitularien vom Jahre 801—810 bestimmt hatten, d. h. es wurde festgestellt, ob die Zeugen freie unbescholtene Männer, und zwar solche, welche sich in vollem Besitz ihres Wergeldes befunden, wären, da man ja dem vermögenden Mann, der mit seinem Vermögen für seine Aussage eintreten konnte, ein größeres Vertrauen schenkte. Darauf wurden die Zeugen einzeln auf die Evangelien vereidigt und begann sodann das Befragen der Zeugen, die eigentliche Inquisition[3], auf Grund des Wahrheitsversprechens. Zuletzt vereidigte der Kaiser noch einen Abt und zwei Grafen, welche vorher unter den Gerichtsbeisitzern genannt waren. Alle Aussagen lauteten zu Gunsten des Bischofs von Arezzo. Zuletzt wandte sich der Kaiser an den Bischof von Siena, der zugab, der Inquisitionsbeweis sei gegen ihn ausgefallen. Auf Grund dieses Ergebnisses erfolgte das Urteil, welches den Streit zu Gunsten des Bischofs von Arezzo schlichtete. Schon 67 Jahre lang hatte dieser Streit gewährt.[4] Die Urkunde, welche im Original vorliegt, ist eine Aufzeichnung der Gerichtsverhandlung, eine Notitia, auf Befehl des Kaisers für den Bischof von Arezzo ausgefertigt, ihre Beglaubigung erhält sie nur durch elf Unter- schriften der Beisitzer des Gerichts.

Dieser Prozeß zeigt den Inquisitionsbeweis in seiner vollsten Ausbildung. Wir konnten uns früher aus den Kapitularien und durch Zusammenstellung mehrerer Urkunden ein Bild des Beweisverfahrens verschaffen, das uns hier in einer einzigen Urkunde überliefert worden ist. Die Wichtigkeit des langjährigen Streites, die Ausbildung des Nota-

---

[1] Muratori 2, 931.

[2] Brunner, Die Entstehung der Schwurgerichte ad. IV, die Reformen der christ- lich fränkischen Zeit.

[3] Brunner, Zeugen- und Inquisitionsbeweis IV, B. 1. Das Königsgericht, Wiener S. B. 51.

[4] Die Vorgeschichte dieses Prozesses s. v. Bethmann-Hollweg, Der germanisch- romanische Civilprozeß im Mittelalter, Beilage II, der Diöcesanstreit von Siena und Arezzo; dagegen für die Stellung des geistlichen und weltlichen Gerichts s. Sohm, Die geistliche Gerichtsbarkeit im fränkischen Reich, Zeitschrift für Kirchenrecht 9, 238.

riatswesens in Italien hat wohl zu einer so genauen Aufzeichnung der
Gerichtsverhandlung beigetragen, doch führte auch der Umstand zu einer
umständlichen Behandlung des Prozesses, daß in demselben verschiedene
Parteien, wie dies durch die Hervorhebung eines päpstlichen Grafen und
der Königsvasallen angedeutet ist, zusammenkamen.

Über das Placitum in Siena vom Jahre 881 ist uns, wie schon
gesagt, nur eine Notitia erhalten. Über denselben bereits in den Jahren
714 und 715 geführten Streit sind sechs Urkunden in dem Kapitular-
archiv von Arezzo[1] gefunden worden, so daß es nicht wahrscheinlich ist.
daß gerade für die im Jahre 881 getroffene Entscheidung die kaiserliche
Ausfertigung verloren ist. Es scheint vielmehr, daß eine solche Notitia
für ausreichend erachtet wurde.[2] Eine Bestätigung hierfür erhalten wir
durch eine Urkunde vom Jahre 901. Kaiser Ludwig IV. saß in der
Pfalz neben der Peterskirche in Rom mit dem Papst[3] in einer glänzenden
Versammlung von Bischöfen, Grafen, Richtern und Notaren, die namentlich aufgeführt werden, zu Gericht. Der Bischof von Lucca beschwerte
sich, daß ihm Eigentum seiner Kirche unrechtmäßig entzogen worden
sei, und bat den Kaiser, da der Angeklagte bereits zweimal auf königliche Ladung nicht erschienen, ihm die streitigen Sachen so lange bis
der Angeklagte sich dem königlichen Gericht stellen würde, zu übergeben.
Der Kaiser beauftragte hiermit einen Missus, der vor Gericht dem Bischof
förmlich durch Überreichung eines Stockes den eingeklagten Besitz übertrug und verkündete, daß auf Beeinträchtigung desselben eine Geldstrafe.
welche zur Hälfte dem Fiskus, zur Hälfte dem Bischof zufallen sollte.
gesetzt sei; eine Bestimmung, welche uns schon öfter in Italien an Stelle
der Drittel-Teilung nach Volksrecht entgegen getreten ist. Auch hierüber
ist nur eine Notitia mit fünf Unterschriften erhalten. Auffällig ist in
dieser Urkunde die Wendung: „singulorumque causa intentae auribus
suae clementiae percipere conatus esset", denn das „singulorum" war
eine technische Bezeichnung für das Gericht des Pfalzgrafen und des Missus.
Die ganze Urkunde zeigt viel Auffälliges, so die zweimalige Anrede an
den Kaiser „jam plures vices me reclamavi ad vos Dominus Ludovicus
. . . unde vos D. Ludovicus imperator . . . . epistola ad vestro anulo
sigillata direxisti". · Wir können also diese Notitia nicht benutzen, um
eine kanzleimäßig abgefaßte Urkunde eingehender damit zu vergleichen.

Hierzu kommt, daß in zwei Urkunden aus Westfranken, die von
König Karl dem Einfältigen in dem Jahre 916 und 919 gegeben sind,

---

[1] Siehe v. Bethmann-Hollweg, Der germ. roman. Civilprozeß, Beilage II.
[2] Siehe Mühlbacher, Urkund. Karl III., Wien 1879, S. 142: Die kaiserlichen
Gerichtsurkunden.
[3] Ughelli 1, 799.

die Beisitzer des Gerichts in großer Zahl namentlich aufgeführt werden, wie dies schon in der Urkunde über den Prozeß von Vermeria vom Jahre 863 der Fall war.   Im Jahre 916 klagte der Abt von Prüm[1], daß das Kloster Susteren seinem Kloster durch Schenkungsurkunde vom König Arnulf und seinem Sohn Zwentebold übertragen, nachher aber unrechtmäßig entrissen worden sei.   Karl brachte nach wiederholten Klagen den Fall vor den Reichstag zu Heristall.   Die Teilnehmer am Königsgericht werden namentlich aufgeführt: 2 Erzbischöfe, 2 Bischöfe, 1 Pfalzgraf, 13 Grafen, und 17 Männer ohne weiteren Titel.   Diese entschieden sämtlich durch gerichtliches Urteil zu Gunsten des Klosters Prüm.   In der Dispositio befahl Karl die Ausfertigung einer Urkunde, welche nach der Corroboratio mit dem Pfalzsiegel bekräftigt werden sollte. Im Jahre 919 erschien der Erzbischof von Trier ebenfalls in Heristall vor dem König[2], mit der Klage, ihm sei das Kloster S. Servatii unrechtmäßigerweise entrissen worden.   Der König brachte diese Klage vor das Königsgericht, in dem die Richter, welche als Palastschöffen bezeichnet werden, unter Beistimmung aller Anwesenden das Kloster dem Erzbischof zusprachen.   Es folgt dann in der Urkunde die Dispositio und Corrobaratio, und daran schließt sich die Aufzählung der Richter: 5 Bischöfe, 12 Grafen und 18 Schöffen.

Interessant ist, daß uns eine zweite Ausfertigung dieser Urkunde unter dem Datum des 9. Juli erhalten ist[3], während die erste Urkunde am 13. Juni ausgestellt wurde. In diesem Exemplar enthält die Corroboratio die Ankündigung des königlichen Siegels und ist die Urkunde von einem Notar der königlichen Kanzlei in Vertretung des Erzkanzlers ausgestellt. Es ist dies somit eine zweite Ausfertigung, hervorgegangen aus der königlichen Kanzlei, während die erste Gestalt aus der Kanzlei des Pfalzgrafen stammt.   Somit wird uns am Ende der Karolingerzeit ein neuer Beweis dafür, daß seit dem Auftreten der Karolinger der Pfalzgraf selbst die Ausfertigung der Gerichtsurkunden unter sich hatte (womit das testimoniare der königlichen Kanzlei gegenüber fortfiel), gegeben.   Da die Ausfertigung des Pfalzgrafen einer Ausfertigung in der königlichen Kanzlei, das Siegel der Pfalz dem königlichen Siegel gegenübergestellt wird, so liegt auch hierin eine weitere Ausbildung dieses Verhältnisses.

Dieser ganzen Entwickelung entspricht auch der Verlauf, welchen der politische Prozeß nach Ludwig d. Fr. genommen hat.   Bernhard, der Nachfolger des Grafen Bera in Barcelona, ein Sohn des Grafen Wilhelm von Toulouse, der unter Karl d. Gr. in großem Ansehen gestanden und sich dann in ein Kloster zurückgezogen hatte, war im Jahre 829 an den

---

[1] Martene, Coll. 1, 270.   [2] Bouquet 9, 541.   [3] Bouquet 9, 546.

Hof Ludwig d. Fr. berufen worden, mußte aber im Jahre 830 von demselben weichen. Sein Bruder Herbert[1] wurde von Kaiser Lothar verhaftet, geblendet und nach Italien geschickt. Dieser Graf Bernhard erschien im Jahre 831 auf dem Reichtag zu Diedenhofen, erbot sich zum Zweikampf, um sich gegen die Anschuldigung des Ehebruchs mit der Kaiserin Judith zu verteidigen, und als sich kein Gegner fand, reinigte er sich vor dem Kaiser und seinen Söhnen durch einen Eid. Graf Bernhard hatte sich aber in der Folge unzuverlässig erwiesen, da er sich der Partei König Pippin von Aquitanien angeschlossen hatte. Er wurde deshalb im Jahre 844 von König Karl dem Kahlen, der gegen Aquitanien gezogen war, in das königliche Lager gelockt und dort in Haft genommen. Das Königsgericht, „judicio Francorum", verurteilte ihn als Hochverräter zum Tode und wurde er sogleich hingerichtet.[2]

Karlmann, der Sohn Karls des Kahlen, hatte wider seinen Willen im Jahre 854 die Tonsur erhalten und war im Jahre 860 mit dem St. Medard-Kloster und später noch mit andern Klöstern ausgestattet worden. Im Jahre 870 wurde er auf der Synode zu Attigny wegen verräterischer Anschläge der Abteien beraubt und nach Senlis in strengen Gewahrsam gebracht. Auf Veranlassung päpstlicher Legaten freigegeben, lebte er am königlichen Hofe, entwich aber bald von hier. Alle, die ihm zur Flucht verholfen hatten, wurden zum Tode verurteilt. Karlmann selbst konnte nicht ergriffen werden. Er fand eine Stütze an Papst Hadrian. Im Jahre 871 unterwarf er sich endlich freiwillig und wurde in Senlis in Haft gehalten. Hier ist er auf einer Synode[3] zunächst vom geistlichen Gericht seiner geistlichen Würden beraubt, so daß er nur noch als Laie das Abendmahl nehmen konnte, und dann wegen neuer weiterer Verschwörung vor ein weltliches Gericht gestellt worden. Dieses verurteilte ihn zum Tode, milderte aber die Strafe in Blendung, die auch vorgenommen wurde: „pro admissis suis judicio mortis addictum, mitiori sententia . . . luminibus acclamatione cunctorum qui adfuerunt orbari". Ganz anders klingt es, als Ludwig der Deutsche dem Markgrafen Ernst Ende April des Jahres 861 zu Regensburg zur Rechenschaft zog.[4] Auf einer Reichsversammlung beraubte er den vornehmsten seiner Großen plötzlich wegen Untreue aller seiner Ämter und Lehen. Dasselbe Los ereilte viele seiner Mitschuldigen. Ebenso verfuhr Ludwig der Deutsche im Jahre 865 gegen Werner[5], den Grafen der pannonischen Mark; als

[1] Vita Hludovici c. 45 (SS. II, 633).
[2] Ann. Bertiniani a. 844 (SS. I, 440).
[3] Hincmari Rem. Ann. a. 873 (SS. I, 495).
[4] Ann. Fuldenses a. 861 (SS. I, 374).
[5] Ann. Fuldenses a. 865 (SS. I, 379).

gegen ihn die Anklage erhoben wurde, daß er den Herzog Rastislav von Mähren zum Abfall vom fränkischen Reich aufgereizt hätte. Er beraubte ihn des Amtes und der Lehen, ohne daß auch hier von einem Urteil die Rede ist. Öfter ist in den Geschichtsschreiben von der Rechtsprechung des Königs die Rede[1], ohne daß wir denselben irgendwie an bestimmte Formen gebunden sehen. Ganz besonders erhalten wir diesen Eindruck auf der Reichsversammlung zu Biesenstädt bei Worms im Jahre 873. Im Jahre 871 hatte der König seine Söhne gegen sich aufgebracht[2], weil er einen Sachsen, den Vasallen eines ihrer Anhänger, hatte blenden lassen. Im Jahre 873[3] überwies er seinen Söhnen Ludwig und Karl einlaufende Beschwerden zur Prüfung. Hierbei wird im Unterschied zur Thätigkeit des Königs selbst der Ausdruck: „ad audiendum singulorum causas constituit", welcher bei der Thätigkeit des Pfalzgrafen gebraucht wird, angewandt. Was seine Söhne nicht selbst zu schlichten vermochten, behielt er seinem eigenen Urteil vor.

Nur eine Ausnahme finden wir bei Ludwig dem Deutschen in dem Verfahren gegen den Herzog Rastislav von Mähren.[4] Im Jahre 846 hatte Ludwig den Herzog von Mähren Moimir abgesetzt und dafür den Neffen desselben Rastislav zum Herzog erhoben. Schon im Jahre 855 aber mußte der König gegen den ungetreuen Vasallen zu Felde ziehen, ohne wesentliche Erfolge zu erzielen. Endlich nach 15jährigem Kampfe wurde Rastislav von seinem Neffen Zwentibald an den Sohn Ludwigs, Karlmann, ausgeliefert, der ihn als Gefangener auf der Reichsversammlung zu Regensburg Ende des Jahres 870 vor den König führte. In schweren Ketten ist der Herzog in die Mitte der Versammlung gebracht und durch das Urteil der Franken, Bayern und Slaven, die zahlreich versammelt waren: „Francorum judicio et Baivarium necnon Slavorum", also durch ein Königsgericht zum Tode verurteilt. Ludwig schenkte ihm das Leben, ließ ihn aber blenden, worauf der Herzog in einem Kloster Aufnahme fand.

Ludwig wählte den feierlichen Weg der Verurteilung in einem ähnlichen Fall, wie wir ihn früher bei Herzog Tassilo von Bayern kennen gelernt haben. Die Unterwerfung des Rastislav war von weittragender politischer Bedeutung und machte eine allgemeine Anerkennung seiner Schuld wichtig. Diese konnte nur durch ein Gericht der Großen erfolgen.

---

[1] Z. B. Rudolfi Ann. Fuldenses a. 852 (SS. I, 367).
[2] Ann. Fuldenses a. 871 (SS. I, 383).
[3] Ann. Fuldenses a. 873 (SS. I, 385).
[4] Ann. Fuldenses a. 870 (SS. I, 379).

Resultate des dritten Kapitels.

I. Unter den Nachfolgern Ludwig d. Fr. werden auch Klagen eines Erzbischofs, zweier Bischöfe und eines Abtes endgültig durch Diplome entschieden. Nur in einem Fall wird die beklagte Partei vor den König gefordert, um ihrer Ansprüche zu entsagen, sonst genügt ein früherer Entscheid, eine Königsurkunde, die Aussage eines Bischofs, um eine Befriedigung des Klägers herbeizuführen. Auch die Berichte der Missi werden wie unter Ludwig d. Fr. gerichtlichen Entscheidungen zu Grunde gelegt.

II. Diese Fälle sind aber vereinzelt erhalten und ihnen gegenüber stehen eine größere Zahl von Placita, die uns ein Bild von geordneter Rechtspflege am Königshofe gewähren.

III. Wir haben gesehen, daß aus der späteren Karolingerzeit Placita nur aus Italien und Westfranken erhalten sind, ein Diplom darüber aus Lothringen. In dem Placitum Karls des Kahlen in Vermeria steht zuerst „justo omnium assistentium judicio“; dann folgt „in horum praesentia actum est“, worauf 48 Große des Reiches genannt werden. In dem Placitum Karls des Einfältigen vom Jahre 916 heißt es „habito generali placito ... in conventu totius regni tam episcoporum quam comitum et procerum ac judicum diversorum potestatum omnique conventu nobilium cunctorum fidelium nostrorum“, worauf 35 Namen folgen. Von dem Placitum vom Jahre 919 heißt es in dem Diplom: „Hec sunt nomina eorum qui prefatum contulerunt judicium“; es folgen 35 Namen. In der Notitia über den Prozeß in Siena vom Jahre 881 werden 16 Namen genannt und ist sie von 11 Beisitzern des Gerichts unterschrieben. In der Notitia über das Placitum Ludwig IV. in Rom sind 52 Namen angegeben; die Notitia selbst aber ist von einem Bischof und vier Hofrichtern unterschrieben. Zugleich mit dem Wiederauftreten von Placita werden die Teilnehmer am Gericht ganz besonders hervorgehoben. Die namentliche Aufführung so zahlreicher Anwesenden, die Betonung, daß die Abgabe des Urteils durch sie erfolgt ist, deutet darauf hin, daß man auf ihr Urteil einen besonderen Wert legte. Das Auftreten von Bezeichnungen wie „judices sacri Palatii“, „scabini palatii nostri“, „judices huic Romaniae“, „notarii sacri Palatii“ für die Beisitzer des Königsgerichts und des Gerichts des Pfalzgrafen, also eine Übertragung von Ausdrücken des Volksgerichts auf das Königsgericht läßt darauf schließen, daß man Wert darauf legte, auch durch die Bezeichnungen festzustellen, daß das Finden des Urteils nicht in der Hand des Königs, sondern der Beisitzer des Gerichts lag. Wir haben keinen Anhalt, daß wirkliche Schöffen zum Königsgericht herangezogen wurden, ebensowenig wie wir etwas von ständigen, berufsmäßigen Richtern am Königshof wissen; eine regelmäßige

Abhaltung des Königsgerichts brachte es aber mit sich, daß die den König umgebenden Großen regelmäßig zum Richteramt herangezogen wurden, und man sehr wohl ihnen den Namen Richter beilegen konnte. Jedenfalls aber sind solche Bezeichnungen ein Ausdruck für die regelmäßige Abhaltung des Königsgerichts, wovon die uns erhaltenen Urkunden Zeugnis ablegen.

So werden wir an die Zeit des Auftretens der Placita-Urkunden in der zweiten Hälfte des 7. Jahrhunderts erinnert, wo auch Anzeichen vorhanden waren, daß die Einrichtung dieser Art der Rechtspflege in der Civiljurisdiktion etwas Neues war, ausgehend von den Großen des Reiches selbst und hervorgerufen vielleicht durch die Nachteile einer Kabinetsjustiz, wie sich dieselbe besonders unter Ludwig dem Frommen ausgebildet hatte. Wir nehmen danach nicht nur mit dem Jahre 800 einen Abschnitt in der Entwickelung des Königsgerichts an, sondern folgern, daß dem Niedergange der karolingischen Macht ein Wiederaufleben der Macht der Großen des Reiches zur Seite ging, welches im Königsgericht seinen Ausdruck fand.

IV. Mit den Urkunden, welche für eine Betrachtung des Königsgerichts zur Verfügung stehen, hat sich auch der Rahmen derselben wesentlich erweitert, wir finden die alten Wendungen auch hier wieder: „Cum in Dei nomine residebat", „ibique veniens", „et finita est causa". Seit dem Jahre 658 hat sich aber am Königshofe ein vollständiger Inquisitionsbeweis entwickelt.

Wir können diese Urkunden des 9. Jahrhunderts noch durch einige Urkunden des 10. Jahrhunderts ergänzen. Es bestätigt sich dadurch, daß eine Weiterbildung des Königsgerichts sich an Westfranken und Italien anknüpft. Für Lothringen ist uns nur ein Diplom Lothar II. über ein Placitum erhalten, doch tritt auch hier die Thätigkeit der Großen bedeutend hervor, und zeugen dafür die Ausdrücke: „cum consultu procerum nostrorum", „acceptoque consilio praefatorum regum optimatumque nostrorum circumstantium", „cum nostrorum vita fidelium atque decreto". In Ostfranken ist nur von einem Beirat der Großen die Rede.

V. Nach den erhaltenen Quellen beschränkte sich diese Bewegung auf Italien und Westfranken, während in Ostfranken die Persönlichkeit Ludwig des Deutschen und später Arnulfs so in den Vordergrund trat, daß die Thätigkeit der Großen hier noch zurückstand. Auch war Ostfranken später in die Geschichte eingetreten, so daß schon deshalb der Süden und Westen in der Entwickelung vorauseilen mußten. Wir fanden eine Bestätigung dieser Verhältnisse in der Behandlung der politischen Prozesse, bei denen in Ostfranken die Herrscher den Großen des Reiches gegenüber mit größerer Selbständigkeit auftraten als in Westfranken.

VI. In allen Fällen, wo Hochverrat zur Entscheidung kam, führte der ganze Verlauf schließlich mit Ausnahme von Ostfranken zu einem Urteil der Großen in der Reichsversammlung unter Vorsitz des Königs. Wenn wir auch nur in der Geschichtsschreibung davon Kunde erhalten, der sichere Boden der Urkunde uns also fehlt, so können wir doch annehmen, daß ein solches Urteil sich in den bestimmten Formen des Königsgerichts bewegt hat, ohne die in der ganzen Zeit eine öffentliche Verhandlung nicht zu denken ist. König oder Kaiser sind anwesend, führen also auch den Vorsitz; das Urteil wird ganz bestimmt, das eine Mal sogar von Kaiser Ludwig selbst, den Großen des Reiches zugeschrieben. Wir können also schließen, daß in bewegten Zeiten die Könige seit Karl d. Gr. in ihren Entscheidungen einen Rückhalt an den Großen gesucht haben.

Viertes Kapitel.

Das Gericht des Pfalzgrafen.

In dem Placitum vom Jahre 861[1] trat der Pfalzgraf in den Vordergrund. Er ist es, der jetzt die Frage an die Parteien richtete. Dies führt uns hinüber zu einer Weiterbildung, welche wir aus zwei erst in jüngster Zeit veröffentlichten Urkunden zu erkennen vermögen.

Im Jahre 868 kam der Vogt des Klosters St. Denis an den Hof des Königs[2], um vor dem Grafen Geilo, welcher an Stelle Fulcos des Pfalzgrafen, die Prozesse am Königshofe führte, einen Mann, der sich dem schuldigen Dienst entziehen wollte, zu verklagen. Der Angeklagte wurde vor Gericht gefragt, was er gegen die Klage anzuführen habe. Da er nichts einzuwenden hatte, sondern sich als Unfreier von Geburt bekannte, so erging das Urteil, daß der Klostervogt den Verklagten wieder zum Dienst eines Unfreien heranziehen sollte, und daß ihm hierüber eine Königsurkunde ausgestellt werden würde. Als Gerichtspersonen werden zuerst der Graf Geilo, sodann zehn Große des Königs namentlich aufgeführt. An diese schließen sich die übrigen Vasallen, von denen sich noch drei am Schluß des Protokolles über diese Verhandlung unterschrieben haben.

---

[1] Bouquet 8, 567.
[2] Tardif, Monuments historiques, Paris 1863, S. 202.

Die gerichtlich zugesagte Königsurkunde ist erhalten.[1] Die Namen der Großen sind nicht alle aufgeführt, auch Geilo, der Vorsitzende des Gerichts, ist nur einfach unter den Großen genannt. Der Name des Klostervogtes, sowie der der Mutter des Verklagten entsprechen aber genau den aus der vorhin angeführten Urkunde bekannten. Der Name des Verklagten selbst ist nur wenig verändert, dort Angalvinus, hier Ingelvuinus. Auch wörtliche Anklänge selbst sind in genügender Anzahl vorhanden, um neben dem Beweis, der aus der Datierung zu schöpfen ist, die Identität der Notitia und der Königsurkunde festzustellen. Die Urkunde ist im Namen des Königs ausgestellt; es wird aber von demselben nicht gesagt, daß er öffentlich zu Gericht saß. Man kann also das „accedens quisdam vir . . . ante regis excellentiam" allgemein fassen als: „der Kläger erschien am Hofe des Königs", entsprechend der Wendung in dem Verhandlungsprotokoll. Dann wird der Verklagte von den Vasallen des Königs gefragt, welche vorher genannt waren, und nach Aussage desselben fällen diese das Urteil „jussu regis", und dürfen wir nach dem Wortlaut der Verhandlung diese Worte übersetzen mit: „im Namen des Königs". Auf den ersten Blick wird man die Königsurkunde allerdings für ein Placitum halten; ein Vergleich mit der zu Grunde liegenden Aufzeichnung der Verhandlungen giebt aber genügenden Anhalt, um zu erkennen, daß der König selbst diesem Gericht nicht vorgesessen hat. Zu den schon angeführten Punkten kommt der Schluß der Urkunde hinzu, welcher keine Dispositio und Corroboratio des Königs enthält, sondern nur das Siegel des Königs betont. Es ist deshalb in dieser Urkunde für den Zeitgenossen gewiß verständlich ausgesprochen, daß der Prozeß, welcher in derselben seinen Abschluß findet, nicht vor dem König, sondern im Gericht des Pfalzgrafen geführt worden ist. Das ist für die Beurteilung der uns erhaltenen Placita-Urkunden überaus wichtig, denn wenn wir in denselben keine Anzeichen finden, welche eine Abwesenheit des Königs wahrscheinlich machen, sondern im Gegenteil der König sich direkt selbst als Gerichtsherr einführt, so halten wir uns nicht für berechtigt, ein solches Placitum etwa nach Analogie der vorhergehenden Urkunde dem Gericht des Pfalzgrafen zuzuschreiben.

Über die selbständige Gerichtspflege des Pfalzgrafen hat uns Einhard und Hincmar von Rheims ein anschauliches Bild gegeben, Urkunden derselben dürfen wir aber unter den uns erhaltenen Königsurkunden nicht suchen, da keine inneren Gründe die Existenz von solchen wahrscheinlich machen. Die Pfalzgrafen werden nur in weniger wichtigen Fällen selbständig entschieden haben. Eine Beglaubigung durch eine Königsurkunde

---

[1] Tardif 203.

erscheint somit nicht als nötig. In dem vorliegenden Falle mußte eine
solche besonders von dem Gericht zuerkannt werden. Recht deutlich
tritt hier der Wert der Königsurkunde hervor. Die Notitia trägt zwölf
Unterschriften, in der vom König ausgestellten Urkunde werden aber
alle diese durch das Siegel des Königs ersetzt.

Eine andere Frage, die den Pfalzgrafen betrifft, bleibt noch zu er-
örtern. In dem Placitum Karls des Kahlen vom Jahre 861[1] ergeht die
Frage an den Angeklagten von Fulco comes Palatii et Galenus; und bei
der Urteilsfindung werden unter den Beisitzern des Gerichts aufgeführt:
seu Galenus et Fulco comes palatii. Man kann dies auf zwei Pfalzgrafen
beziehen. Nach den Urkunden vom Jahre 868[2] kann man auch den
Galenus als den Stellvertreter des Pfalzgrafen ansehen, der nicht notwendig auch ein Pfalzgraf zu sein braucht, wie das Beispiel des Grafen
Geilo[3] zeigt; denn in derselben Urkunde steht zweimal der Titel comes
palatii mit dem Namen Fulco verbunden, beide Male steht auch Fulco
comes palatii an der hervorragenden Stelle, bei der Frage an die Partei
zuerst und bei der Urteilsfindung, wo der Pfalzgraf für richtige Aufzeichnung der Verhandlung verantwortlich ist, zuletzt. Haben wir aber
an zwei Pfalzgrafen zu denken, so wird der erste Pfalzgraf an der Seite
des Königs im Gericht desselben thätig sein, der zweite Pfalzgraf dagegen
im Gericht des Pfalzgrafen präsidieren nach dem Beispiel der beiden
Urkunden vom Jahre 868. Stellvertreter des Pfalzgrafen Fulco ist der
Graf Geilo, der auch in der Königsurkunde unter den namentlich auf-
geführten Großen zuletzt steht, also auch für richtige Ausführung der
Königsurkunde über die Verhandlung im Gericht des Pfalzgrafen eintritt.
Wird der Pfalzgraf vertreten, so geschieht es nach diesem Beispiel nicht
im Königsgericht, sondern im Gericht des Pfalzgrafen. Hätten wir aber
im Jahre 861 zwei Pfalzgrafen anzunehmen[4], dann würde freilich merk-
würdig sein, daß im Jahre 868 ein Graf den Pfalzgrafen Fulco vertritt,
während dann naturgemäß der zweite Pfalzgraf diese Stelle hätte übernehmen müssen.

Aus späterer Zeit liegen noch zwei Urkunden über die Entscheidung
eines Pfalzgrafen vor, welche einige Erläuterungen bieten und besonders

---

[1] Bouquet 8, 567.

[2] Tardif 202: . . . coram Geilone comite, qui causas palatinas in vice Fulconis
audiebat vel discernebat . . . 203 . . . Dum rex Karolus . . . una cum plurimorum
suorum optimatum videlicet: Ingelramno, Fulcone, Airico, Nivelongo, Adelramno,
Osberto, Geilone, ceterorumque suorum fidelium . . . .

[3] Wenn wir es nicht hier, was viel für sich hat, mit derselben Persönlichkeit
zu thun haben.

[4] Waitz, VG. 2, 330; 3, 425; Sickel, U. L. §. 108.

für den Unterschied des Königs- und des Pfalzgrafengerichts von Wichtigkeit sind.

Als Karl der Dicke im Jahre 880 nach Rom zog, verweilte er in Pavia, und hier saß der Pfalzgraf Boderad, der dies Amt bereits unter Kaiser Ludwig II. bekleidet hatte, in der königlichen Pfalz zu Gericht mit 2 Bischöfen, 2 Grafen, 12 Männern, welche als Richter der kaiserlichen Pfalz, 2 Männern, welche als Richter von Pavia bezeichnet werden; ferner sind noch 2 Männer und der Umstand erwähnt.[1] Vor dem Pfalzgrafen erschien ein Abt mit seinem Advokaten und erklärte, daß sie von zwei Männern förmlich vor das Gericht des Pfalzgrafen geladen wären, weil diese behaupteten, unrechtmäßig vom Kloster als Unfreie behandelt worden zu sein. Auf die Einrede, daß sie vor dem Grafengericht als Unfreie des Klosters erklärt worden wären und darüber eine Notitia ausgestellt sei, hätten sie angegeben, daß dies mit Gewalt und nicht nach Recht geschehen sei, und sich auf das Gericht des Pfalzgrafen berufen. Die Verklagten erklärten sich mit diesem Thatbestand einverstanden und verlangten die Urkunde des Abtes zu sehen. Der Inhalt der Urkunde, wonach die Parteien dreimal im Grafengericht erschienen waren, wird mitgeteilt. Die Beklagten hatten behauptet, durch Zeugen beweisen zu können, daß sie frei geboren seien, · konnten aber doch keine Zeugen auftreiben und wurden dann zuletzt im Grafengericht in Gegenwart königlicher Missi auf ihr eigenes Bekenntnis hin zu Sklaven des Klosters verurteilt. Diese Urkunde wurde verlesen, die Beklagten blieben auf die Frage der Richter bei ihrer Behauptung mit Gewalt gezwungen zu sein, als sie aber gefragt wurden, ob sie dies beweisen könnten, erklärten sie, daß sie dazu nicht imstande wären. Darauf wurden sie auf Grund ihres Bekenntnisses und der Urkunde dem Kloster als Unfreie zugesprochen, die Urkunde darüber vom Pfalzgrafen, dem Notar und fünf königlichen Richtern unterzeichnet.

Es ist interessant zu verfolgen, wie lange ein solcher Prozeß um Freiheit sich hinzieht, bis er endlich am Königshofe seine definitive Erledigung findet. Von einer Gefahr des Prozesses ist dabei nicht die Rede, so daß wir uns schon einer sehr weiten Entwickelung des Amtsrechts gegenüber befinden. Die Eingangsformel lautet hier: „singulorum hominum justitiam faciendo" und später wird vom Grafengericht in Gegenwart der Missi gesagt: „in placito publico singulis hominibus causas audiendas et justitias faciendas". Auch in einem Bericht der Missi an Karl dem Dicken vom Jahre 880 über ein Missatgericht[2] heißt es: „in judicio resedentes singulorum hominum iusticias faciendas", so daß wir

---

[1] Muratori, Ant. 1. 359.   [2] Muratori, Ant. 5, 929.

dies als technischen Ausdruck gegenüber dem „ad universorum causas audiendas" des Königsgerichts festhalten können. Sonst sind die Formen des Königsgerichts beibehalten, die Narratio beginnt mit: „ibique eorum veniens praesentia"; die Parteien treten redend auf, die Urkunde wird verlesen, die Beklagten gefragt, dann das Urteil auf Grund der Aussage der Beklagten und der Urkunde gesprochen. Den Schluß bildet: „et finita est causa".

Im Jahre 945 unter König Lothar saß in der Pfalz zu Pavia der Pfalzgraf Lanfrancus zu Gericht[1] mit 6 Grafen, 14 Männern, welche als Königsschöffen bezeichnet sind, 2 königlichen Notaren, 10 Franken und dem Umstand. Da erschien ein Mann, Namens Riprandus, zeigte eine Schenkungsurkunde vor, ließ dieselbe erst von dem Aussteller derselben, dann vom königlichen Notar anerkennen. Auf Grund dieser Aussage sprachen die Richter dem Riprandus die Schenkung zu, und auf Befehl des Pfalzgrafen und der Richter wurde die Urkunde ausgestellt. Also ein Scheinprozeß, um für die Schenkung die Autorität des Gerichts des Pfalzgrafen zu gewinnen. Auch hier finden sich technische Ausdrücke für eine Placita-Urkunde: „Dum resident . . . ibique veniens presentia . . . et ostensit ibi cartulam . . . cartulam ipsam ostensa et ab ordine lecta interrogatus . . . nec contradici nec contradicere quero. . ..". His actis . . . judicaverunt . . . et finita est causa". Noch deutlicher tritt die Thätigkeit des Pfalzgrafen in der Eingangsformel hervor: „in judicio resident Lanfrancus comes Palatii ad singulorum hominum justitias faciendas", im Gegensatz zu dem: „ad universorum causas audiendas" des Königsgerichts. Es wird hier keine Königsurkunde versprochen, sondern die Beglaubigung der Urkunde geschieht durch den Notar, elf Unterschriften der Teilnehmer am Gericht und dreier Vasallen des Klägers. Sonst verläuft der Prozeß ganz in denselben Formen, wie uns in der Zeit der Merowinger und Karolinger acht vor dem König geführten Scheinprozesse erhalten sind; nur ist hier der Grund des ganzen Verfahrens angegeben, denn auf die Frage, weshalb die Schenkungsurkunde vorgezeigt werde, erfolgt die Antwort: „vere ideo cartulam istam in vestra ostensi presentia ut ne silens appareat", dann wird der Prozeß weitergeführt mit „quero ut dicat", es soll also die Schenkung offenkundig gemacht werden.

Resultate des vierten Kapitels.

I. Wir können auch für die Zeit der späteren Karolinger neben dem Königsgericht ein Gericht des Pfalzgrafen urkundlich nachweisen, welches sich in denselben Formen bewegt wie das Gericht des Königs selbst.

---

[1] Tiraboschi, Nonantola 2, 117.

Jedoch ist es nicht mit derselben Autorität ausgestattet, wie die Ausfertigung einer Königsurkunde und die Beglaubigung durch Unterschriften ergeben. Das Gericht des Pfalzgrafen ist von territorialem und zwar reichsrechtlichem Charakter, gleich dem Königsgericht. Dies beweisen besonders die Urkunden aus Italien, denn an dem Hof von Pavia bewegt sich das Gericht in denselben Formen wie in Compiègne.

II. Die Erzählung des Einhard im Leben Karls d. Gr.[1], in welcher der Pfalzgraf Sachen, die er selbst nicht entscheiden kann, dem Kaiser während des Ankleidens vorträgt, läßt nur an einen Pfalzgrafen denken. der sich dann zuweilen im Gericht durch einen höheren Beamten vertreten läßt, wie uns dies urkundlich bezeugt ist. In dem Bericht des Hincmar, De ordine palatii[2], so sehr sich derselbe auch an seine Vorlage gehalten hat, entspricht die reichere Thätigkeit des Pfalzgrafen doch mehr der späteren Entwickelung, die mit eingeflochten ist. Erst mit Karl d. Gr.[3] erhalten wir Nachricht von einer selbständigen richterlichen Thätigkeit des Pfalzgrafen neben dem Königsgericht zur Unterstützung und Entlastung desselben, wie dies der größeren Ausdehnung des Reiches entsprach. Eine festere Organisation in früherer Zeit würde uns urkundliche Nachrichten überliefert haben, wie dies später der Fall ist.

Fünftes Kapitel.

Rückblick.

Überblicken wir den Verlauf der Untersuchung, so war zur Zeit des Tacitus das Conzil Inhaber der Gerichtshoheit. Mit der Niederlassung der Franken an der Schelde hatte sich das Conzil zur Stammesversammlung erweitert, an deren Spitze definitiv der König trat. Doch war die Gerichtshoheit noch beim Volk, wie dies aus der Lex Salica hervorgeht. Mit der Reichsgründung auf gallisch-römischem Boden erst erweiterte sich die Machtsphäre des Königs, er vereinigte die absolute Gerichtshoheit der römischen Kaiser in seiner Hand; einen Übergang hierzu bildete das Edictum Chilperici. Die fränkische Geschichte des Gregor von Tours

---

[1] Vita Karoli c. 24 (SS. II, 426).
[2] Cap. 19 u. 21. Walter, Corp. Jur. Germ. 3, 761.
[3] Cap. Aquisgr. a. 812 c. 2 (LL. I, 174): Neque comes palatii nostri potentiores causas sine nostra jussione finire praesumat, sed tantum ad pauperum et minus potentium justitias faciendas sibi sciat esse vacandum.

umfaßte die Blütezeit der Merowinger. Nach dem Tode Gunthrams
erstarkten die geistlichen und weltlichen Großen des Reiches; als Aus-
druck dieses Umschwunges gewannen sie Einfluß auf die Civil- und
Kriminaljustiz als Beisitzer in den Placita. Die Großen des Reiches
waren es auch, welche im 7. und 8. Jahrhundert die absolute Gerichtshoheit des Königs einschränkten. Bald ragt über diese die Macht der
Arnulfingischen Hausmeier hervor, die an der Spitze ihrer Vasallen den
Einfluß der übrigen Großen zurückdrängten und selbst den Thron der
Merowinger an sich rissen. Die Machtfülle Karls d. Gr. drängte die
Thätigkeit der Großen zurück und unter seinem Sohn artete diese Tendenz
zu einer Kabinetsjustiz aus. Erst unter den späteren Karolingern in
Westfranken und Italien erstarkte die Macht der Großen wieder soweit,
daß wir in den Placita eine Teilnahme derselben nachweisen können.
Wir sind so imstande, an dem obersten Gerichtshof des fränkischen
Reiches den Wechsel in der Machtstellung des Königs zu verfolgen. Unter
den Karolingern treten nur die geistlichen Würdenträger mehr in den
Vordergrund. Sie übernehmen die Staatsämter, besonders das Kanzler-
amt gelangt in geistliche Hände; in allen Reichsgeschäften sind sie thätig
und tragen sie wesentlich dazu bei, den Gedanken an eine Universal-
monarchie zu wecken und zu stärken, damit auch der richterlichen, wie
der gesetzgeberischen Thätigkeit der Karolinger einen universellen Charakter aufzudrücken.

In der Civiljurisdiktion gewinnen die Herrscher eine größere Selbständigkeit, während sie den Großen des Reiches in den politischen
Prozessen eine größere Mitwirkung einräumen, also gerade in der Seit-
der Gerichtshoheit, welche von dem Concilium und der Stammesversammlung am vollständigsten nach der Reichsgründung auf die Könige
übergegangen war. Die Weltpolitik Karls d. Gr. bedurfte für die weitere
Ausbreitung des Reiches der moralischen Unterstützung der Großen, wir
sehen ihn deshalb zuerst politische Prozesse nicht mehr willkürlich
entscheiden, sondern sie dem Urteil der Großen im Königsgericht anheim-
stellen. Dieses Beispiel Karls d. Gr. wurde von seinen Nachfolgern nach-
geahmt. Wir können solche politische Prozesse durch die ganze Zeit
der Karolinger nachweisen und selbst Ludwig der Deutsche folgte in
einem ernsten politischen Fall dem Beispiel seines Großvaters. Es geht
dies Hand in Hand mit der höheren Bildung, welche Karl d. Gr. in
seinem Reiche verbreitete und welche immer weiteren Kreisen ein Ver-
ständnis für politische Fragen eröffnete, so daß sie zu einer Mitwirkung
gegen die Ausschreitungen angeregt wurden, welche auf politischem
Gebiete zu Tage traten. Das frühe Aussterben der Karolinger und die
Einführung eines Wahlreiches schufen neue Verhältnisse und Bedingungen;

damit betreten wir eine durch das Werk Franklins[1] und die Untersuchungen Stobbes[2] wohlgeebnete Bahn, wodurch uns ein Bild des obersten
Gerichtshofes bis auf die neueste Zeit entrollt wird.

Zunächst erlangt im Königsgericht der Inquisitionsprozeß das Über-
gewicht über das Verhandlungsverfahren des Volksgerichts. Bis zur
Schlacht bei Testri zeigen sechs Placita-Urkunden noch das Verhandlungsverfahren bei Einleitung des Prozesses, die Parteien treten in Klage
und Antwort noch selbständig auf; erst dann tritt die Amtsgewalt ein,
von den Richtern werden Beweismittel geprüft und auf Grund derselben
das Recht gesprochen. Es folgt nach dem Jahre 688, also unter Arnul-
fingischem Einfluß, eine Reihe von 18 Placita, in denen fast regelmäßig
Inquisitions- und Verhandlungsverfahren wechseln, das „suggeserunt
nobis" mit „interrogatum", „sollicitum fuit ei" und das „ibique veniens
adversus aliquem" oder „alicui interpellavit" mit dem „cum contradixerunt"
oder „qui dedit in responsis". Von Pippin als König sind nur drei
Placita erhalten, in denen aber die Parteien wieder handelnd auftreten;
bei Karl d. Gr. als König heißt es dagegen von den Parteien „nobis
innotuit", „nobis suggessit, sed ipse in presens stare jubebatur"[3], doch
haben wir noch zwei Placita, in denen die Parteien den Prozeß selbstthätig einleiten. In einem Placitum vom Jahre 781[4] beruft sich der
Kläger in einem Scheinprozeß auf eine Entscheidung im Grafengericht,
da stehen die Ausdrücke des Frage- und Verhandlungsverfahrens einander
gegenüber „nobis suggerebat . . . interrogatum fuit ipso Rifero comite"
und „interpellasset, repetens ab eo"; doch wird hier vom Grafengericht gesagt: „in praesenti aderant et cum interrogaretur ab eis utrum quid de hac
causa contra . . . dicere vellent" vom Beklagten gegen den Kläger. Der
Schreiber der Urkunde kann die Formen des Königsgerichts auf das
Grafengericht übertragen haben, oder der Graf selbst hatte das Inquisitionsrecht, jedenfalls liegen unter Karl d. Gr. die Verhältnisse nicht
mehr so klar und zeigen ein Überwiegen der Inquisition.

Mit dem Jahre 800 hören die Placita-Urkunden fast ganz auf, wir
besitzen von Kaiser Karl ein Placitum aus dem Jahre 801 in Italien[5],
ein Placitum vom Jahre 812[6] und eine Formel aus der Zeit Ludwig
des Frommen.[7] Unter den folgenden Karolingern handeln 13 Fälle von
einer Mitwirkung der Großen bei einer gerichtlichen Entscheidung, darunter
sind zwei Fälle einer förmlichen Gerichtsverhandlung unter Vorsitz des

---

[1] Franklin, Das Reichshofgericht im Mittelalter. Weimar 1867.
[2] Stobbe, Reichskammergericht und Reichsgericht. Leipzig 1878.
[3] Bouquet 5, 734; Schöpflin 1, 51.   [4] Bouquet 5, 746.
[5] Tiraboschi, Nonantula 2, 34.   [6] Bouquet 5, 776.
[7] Rozière 2, 558, Nr. 451 (Carpentier 40).

Kaisers, deren Schauplatz Rom[1] und Siena[2], also Italien, ist, und zwei
Placita auf fränkischem Boden.[3]

Es liegt nahe, anzunehmen, daß gerade die Placita-Urkunden vernichtet worden sind[4] oder noch in Archiven verborgen liegen. Wir sind
aber in unseren Betrachtungen auf die vorhandenen Quellen angewiesen,
und werden neue Urkunden aufgefunden, so sind damit auch der Forschung
neue Bedingungen gegeben. Aus äußeren und inneren Gründen ist jedoch
eine wesentliche Bereicherung des vorhandenen Quellen-Materials nicht
wahrscheinlich. Seit dem Jahre 1867 liegt über die Urkunden der Kaiser
Karls d. Gr. und Ludwigs d. Fr. das Werk von Sickel vor[5], durch dessen
Anregung dann diesen beiden Herrschern in neuerer Zeit eine eingehende
Aufmerksamkeit gewidmet worden ist. Auch von der Bearbeitung der
Regesta Imperii von Böhmer sind bereits die beiden ersten Lieferungen
erschienen[6], welche bis zum Jahre 831 das Material von neuem gesichtet
haben, ohne einen Zuwachs für das Königsgericht zu bringen. Auf die
späteren Karolinger ist gerade in neuester Zeit die Arbeit eines Gelehrten
gerichtet als Vorarbeit zu der erneuten Herausgabe der Regesten von
Böhmer; davon liegen schon für Lothar I.[7], besonders aber für Karl III.[8]
abschließende Werke vor, welche für das Königsgericht keine neuen
Quellen herbeigeschafft haben. Das beeinträchtigt auch die Hoffnung
für die übrigen Karolinger. Aus inneren Gründen dürfen wir aber eine
wesentliche Ergänzung durch neue Placita-Urkunden nicht erwarten, da
uns über den ganzen Zeitraum zerstreut nur sechs Placita bekannt sind,
die auf eine Weiterbildung des Königsgerichts hinführen und ein Placitum
in Civilsachen als sehr selten vorgekommen erscheinen lassen. Dann
zeigen uns die zahlreichen königlichen Gerichtsurkunden, daß wir es mit
einer Umbildung des Verfahrens im Königsgericht zu thun haben, durch
Heranziehung des Pfalzgrafen und der Missi zu selbständiger gerichtlicher
Thätigkeit, dadurch wird für das Verschwinden der Placita-Urkunden ein
Schlüssel an die Hand gegeben.

Nachdem unter Karl d. Gr. und Ludwig d. Fr. das Königsgericht
in der Civiljurisdiktion nach den vorliegenden Quellen seinen Einfluß
eingebüßt hat, finden wir unter den folgenden Karolingern ein Wieder-

---

[1] Ughelli 1, 799.   [2] Muratori, Ant. 2, 931.
[3] Bouquet 8, 567; Tardif 203.
[4] Sickel, Urkundenlehre. Wien 1867, §. 107.
[5] Sickel, Regesten der Urkunden der ersten Karolinger (751--840). Wien 1867.
[6] Die Regesten des Kaiserreiches unter den Karolingern 752—918 nach Johann
Friedrich Böhmer neu bearbeitet von Engelbert Mühlbacher. Innsbruck 1880 u. 1881.
[7] E. Mühlbacher, Die Datierung der Urkunden Lothar I., Wien 1877.
[8] E. Mühlbacher, Die Urkunden Karl III., Wien 1879.

aufleben desselben, welches von allen Anzeichen einer Neuerung begleitet ist. Diese Entwickelung entspricht den Machtverhältnissen von König und Großen, als die Einschränkung unter Ludwig d. Fr. den Höhepunkt erreicht hatte, folgte bald eine Reaktion. Hier müssen wir die Verhältnisse westlich und östlich des Rheines trennen. Der Einfluß der Geistlichkeit und des Adels war mächtiger den schwachen Herrschern in Westfranken gegenüber; auch läßt die ganze politische Thätigkeit erkennen, daß der Westen dem Osten in politischer Entwickelung voraus war.[1] Lothringen bildet die Brücke zwischen Westen und Osten. Im Westen beginnt das Königsgericht seine Thätigkeit wieder auf dem Gebiet der Civiljurisdiktion, und in Italien zeigt der Diöcesanstreit von Siena die höchste Ausbildung des Inquisitionsverfahrens in dieser ganzen Periode. Ein ganz anderer Geist weht uns aus Ostfranken entgegen[2]; da ist nicht die Rede von dogmatischen und politischen Streitigkeiten; in den Vordergrund tritt hier überall die Persönlichkeit des Königs, der im Lande umherzieht um Gerechtigkeit zu pflegen und über seine Großen zu Gericht zu sitzen.

Sehen wir ab von der historischen Entwickelung, welche das Königsgericht genommen, indem es den jedesmaligen Machtverhältnissen Rechnung tragen mußte, so hat der Verlauf desselben keine wesentlichen Veränderungen erfahren.[3] Der König zog in seinem Land umher und übte die vornehmste Pflicht des Herrschers, das Richteramt in den königlichen Pfalzen, welche für den Aufenthalt des Königs und seines Hofstaates bestimmt waren. Hier saß der König zu Gericht, umgeben von den Großen des Reiches, und jedermann konnte seine Klagen vorbringen, ohne daß der Gegenstand derselben zuerst einer Beschränkung unterworfen war.

Man scheute sich wohl unwichtige Dinge zur Entscheidung vor das Königsgericht zu bringen, eine gesetzliche Einschränkung der Klage vor dem Königsgericht können wir erst unter König Pippin nachweisen.

[1] Vgl. von Noorden: Hincmar, Erzbischof von Rheims, ein Beitrag zur Staats- und Kirchengeschichte des westfränkischen Reiches in der zweiten Hälfte des 9. Jahrhunderts. Bonn 1863. Die Abhandlung von Sohm, Fränkisches und Römisches Recht, Weimar 1880, liefert von neuem den Beweis, daß der Westen in politischer Entwickelung dem Osten voraus war und letzterem die Anregung zu weiterer Entwickelung gab. Nur muß man sich hüten, den fränkischen Einfluß zu überschätzen und dem deutschen Gebiet jede selbständige Weiterbildung abzusprechen; es reicht hierzu wenigstens das erwähnte Werk nicht aus, denn Beweise werden nur für außerdeutsche Gebiete, besonders Italien und Burgund, erbracht.
[2] Vgl. Dümmler, Geschichte des Ostfränkischen Reiches, Bd. 1. Ludwig der Deutsche. Berlin 1862, Bd. II; Die letzten Karolinger, Konrad I. Berlin 1865.
[3] Vgl. für die Merowinger-Zeit Roz. 2, 444 (Marc. 1, 37), für die Karolinger-Zeit, Roz. 2, 443 (App. Marc. 38).

7*

Unter ihm wurde durch Kapitular verboten[1], Klagen in erster Instanz
vor den König zu bringen; auch Karl d. Gr. traf Bestimmungen gegen
eine Umgehung des Gaugerichts[2] und erlaubte nur ein rechtmäßig ge-
scholtenes Urteil des Volksgerichts vor den König zu bringen. Am
Königshofe selbst wurden von Karl d. Gr. die Sachen geringerer Leute
an den Pfalzgrafen verwiesen[3]; nur die Prozesse der Großen des Reiches
behielt sich der Kaiser selbst vor, ebenso traf Karl der Dicke solche
einschränkende Bestimmungen.[4] Aus dem Jahre 882[5] endlich haben
wir schon das Bild einer geordneten Rechtspflege am Königshofe, wonach
der Pfalzgraf über alle eingehenden Sachen zu entscheiden hatte, ob sie
vor den König gebracht werden sollten. Parallel mit diesem Verbot des
Rechtsuchens bei dem Königsgericht bilden sich dann zahlreiche Privilegien aus, welche bevorzugten Klassen die Vorzüge des Königsgerichts
sicherten durch Verleihung des Reklamationsrechts, und dieses konnte
schließlich auch den königlichen Missi gegenüber geltend gemacht werden.
Voran ging bei dieser Vergünstigung der Fiskus selbst, dann folgten
die Vasallen des Königs[6] und weiter alle die, welche sich in der Mund
des Königs befanden[7], besonders Klöster[8], Witwen, Waisen und Juden.[9]

Gewöhnlich eröffneten die Parteien selbst vor dem Königsgericht
die Verhandlung, trugen ihre Klagen vor, nannten die Beweise, worauf
sie sich stützten, und daraufhin suchten sich der König und seine Großen
ein Urteil über die vorgetragene Sache zu bilden. Der König und die
Beisitzer richteten Fragen an die Parteien, die Beweismittel bestanden
meist in Urkunden, sowie in Ermangelung derselben in dem Gerichtszeugnis, den Berichten der Missi und den Beweismitteln des Volksrechts,
den Zeugen und dem Gottesurteil. In der Anwendung der Beweismittel
ist weder bei den Parteien noch dem Gerichtshof die geringste Beschränkung
nachweisbar. Die Beweismittel wurden geprüft und wenn der vorliegende
Fall genügend erörtert war, so erging das Urteil des gesamten Gerichtshofes. Wie dasselbe gefunden wurde, wissen wir nicht; es hing nach
dem Gange der Verhandlungen sehr viel von der Persönlichkeit des Königs
selbst ab, der bald mehr bald weniger eingriff, so daß er wohl bald die
Frage an die Beisitzer gerichtet hat, bald nur für die eigene Entscheidung

---

[1] LL. I, 31. Cap. Pippini, incerti anni c. 7.
[2] LL. I, 127, Cap. miss. Baivario. a. 803, c. 7.
[3] LL. I, 174, Cap. Aquisgr. a. 812, c. 2.
[4] LL. I, 553, Cap. Vern. a. 884, c. 11.
[5] Hincmar Rem. De ordine Palatii c. 19, 21; Walter, C. J. G. 3, 761.
[6] LL. I, 553, Cap. Vern. a. 884, c. 11.   [7] Roz. 1, 15.
[8] Mon. Boica 28, a. 23, Urkunden Ludwigs d. Fr. für Kempten a. 833.
[9] Roz. 1, 28.

die Zustimmung der Beisitzer einholte. Nachdem das Urteil ergangen war, mußte der, welcher den Prozeß verloren hatte, sofort vor Gericht seinen Ansprüchen förmlich entsagen.

Während der Verhandlungen war der Pfalzgraf zugegen und schrieb das Protokoll, er bezeugte darunter selbst, daß der Prozeß dem Protokoll entsprechend verlaufen war. Dieses Protokoll kam dann in die königliche Kanzlei und diente als Grundlage für die Ausfertigung der Placita-Urkunden, bis unter den Karolingern der Pfalzgraf selbst die Herstellung der Gerichtsurkunden übernahm. In dem Kontumazialverfahren ging außerdem von dem König noch ein besonderer Kabinetsbefehl aus, welcher die königlichen Beamten zur Vollstreckung des Urteils ermächtigte und jedenfalls auch durch den Pfalzgrafen veranlaßt wurde.

Ein Studium des Werkes von Franklin[1] wird ergeben, daß durch die Untersuchung über die Zeit der Merowinger und Karolinger (die dieser Forscher nicht berücksichtigt hat) es möglich sein wird, ein vollständiges Bild des Königsgerichts im Mittelalter zu entwerfen, da die Quellen des früheren und späteren Mittelalters sich gegenseitig ergänzen. Für das 3. Buch Kap. III „Der Beweis" wird die Zeit der Merowinger vielfache Aufklärung bringen, denn über das Beweisverfahren, besonders die Anwendung der Beweismittel, die Geltung der Privaturkunde und das Gerichtszeugnis sind wir in der früheren Zeit besser unterrichtet; ebenso verhält es sich mit dem 2. Buch Kap. V „Die Parteien und ihre Vertreter". Das 3. Buch Kap IV „Das Urteilfinden" bietet dagegen ein willkommenes Material, die Verhältnisse des früheren Mittelalters zu vervollständigen. Andere Fragen werden durch Vergleichung der vorliegenden Quellen sich gegenseitig ergänzen, wie im 2. Buch Kap. IV „Die Urteiler", im 3. Buch Kap. II „Ladung und Ungehorsamverfahren". Es wird dann ein Heranziehen der Verhältnisse des Volksgerichts vermieden werden können, welches für das Königsgericht mißlich ist, weil das Charakteristische und der Vorteil desselben gerade in der freien Behandlung aller Rechtsformen besteht, die nur in dem Willen des Königs und seiner Richter eine Schranke findet.

[1] Franklin, Das Reichshofgericht im Mittelalter. Weimar 1867.

Inhalt.